平凡社新書
956

経済危機はいつまで続くか
コロナ・ショックに揺れる世界と日本

永濱利廣
NAGAHAMA TOSHIHIRO

HEIBONSHA

経済危機はいつまで続くか●目次

はじめに

経済というのは、基本的にヒトとモノとカネで動いています。２００８年秋のリーマン・ショックの時は、カネの部分が大きなダメージを受けました。端的にいえば、アメリカの住宅価格の上昇をテコに、いわゆるサブプライムローンを使って収入の低い人たちにお金を貸すことで、住宅市場バブルが形成されていったのです。さらに、アメリカの場合はホーム・エクイティローンというシステムにより、本来なら住宅が買えるだけの収入がない人たちにも、住宅価格が値上がりすれば、その分を担保にお金を借りることができました。

そういった住宅ローンの担保証券が細かく切り刻まれて、いろいろな金融商品に混ぜ込まれました。そして、格付け会社がそれにトリプルAという高い格付けをしたので、みんなが買って住宅市場がバブルになったのでした。

ところが、FRB（連邦準備制度理事会）による金融引き締めをきっかけにバブルが崩壊して、逆回転が始まったわけです。そうなった時、サブプライムローンそのものが売られていれば原因はここにあるとわかるのですが、細かく切り刻まれて、どの金融商品に入っているのかがわかりませんでした。それで、多くの金融商品が売れなくなり、お金の流れが止まってしまったわけです。

その結果、リーマン・ブラザーズが破綻しました。リーマン・ブラザーズというのはアメリカ第4の投資銀行で、それほどの大きな会社が1日で破綻してしまうのなら、どんな企業がいつ潰れるかも知れません。実際、金融破綻は連鎖します。そうなったら株なんか持っていられないということで、株価も暴落してしまいました。それで1929年の世界大恐慌以来となる100年に一度の金融危機が起きたといわれたわけです。

ただし、お金の流れが止まったということは、その流れをよくすればいいわけです。お金の流れをよくする政策というのは、まさに経済政策です。

基本的には金融政策と財政政策があるわけですが、アメリカはこの時はそれまでやったことのないようなエンジンのふかし方をしました。財政政策ではグリーン・ニューディール政策などによって、環境にお金を使って整備したり、エコカー減税をしたりしたわけです。金融緩和についても、それまでやったことのないような量的緩和政策をやりました。一般的な金融緩和の場合は利下げをします。しかし、FRBのFFレート（政策金利）をゼロまで下げても緩和が足りないということで、量的緩和政策をやったわけです。そうやってお金の流れをよくすることで、なんとか景気を戻すことができました。

日本の場合は、個人消費が元に戻るまでに2年くらいかかっています。欧米の場合、特に金融政策については迅速に量的緩和政策を行ったのですが、日本はそれをやらなかったことによって極端な円高になってしまいました。結局、リーマン・ショックの時に最も成長率が落ち込んだのは日本だったのです。その要因としては、金融緩和が足りずに円高になってしまったことが大きかったといえるでしょう。

しかし、2020年初めに中国武漢から世界に広まった新型コロナウイルスは、より厄介です。感染症によるパンデミックの状況になってしまったため、カネではなくてヒトとモノが動かなくなってしまったからです。

金融システムが動かなくなったリーマン・ショックの時とは違って、実体経済が動かなくなってしまったわけです。リーマン・ショックの時は、金融・財政政策によってお金さえ動かせればなんとかなったのですが、今回は感染症の拡大ですから、そうはいきません。たとえるなら家が火事になってしまい、とりあえず火を消さなければ何も始まらないという状況です。経済を立て直す前に感染症をある程度収束させなければなりませんので、より厄介なのです。

リーマン・ショックの時は、カネの流れが止まってから実体経済が落ちるまで少しタイムラグがありましたが、コロナ・ショックはヒトとモノが動かないので、そのまま経済を直撃しました。

しかも、感染症の拡大を食い止めるためには意図的に経済を止めなければなりません。先進国は徐々に解除の方向に向かっているとはいえ、第三波に対する警戒もあり、厳しい状況は続いています。

どれくらいのタイミングで特効薬やワクチンが普及するか。そして、どのくらいのタイミングで感染が収束（終息）するのか――。そういった医学的な難題がある程度解決するまでは、経済は元に戻りにくいでしょう。

実際、２０２０年６月時点でのＩＭＦ（国際通貨基金）の予測では、２０２０年の世界の経済成長率はマイナス４・９パーセントと大幅な落ち込みになっています。あくまでも予測ですが、これはリーマン・ショックを上回る世界大恐慌以来の数字です。リーマン・ショックの時は、世界の経済成長率はマイナス0・1パーセント程度でした。先進国はマイナスでしたが、新興国が成長過程だったことと、中国がいちはやく大規模な景気対策を行ったことで戻ったわけです。

今回の世界の経済成長率は、特に欧米においては世界大恐慌というよりも戦争に近い状況だという有識者もいるほどです。ある意味、形を変えた第三次世界大戦ということです。敵は国ではなくてウイルスですが、有事ということでさまざまな対応がなされています。ですから当然、経済だけではなかなか見通しが立てにくく、先行きが読みにくいのです。リーマン・ショックの後ですら、長期停滞論が叫ばれ、特に先進国の経済は長いあいだ停滞してしまいました。そうなると、これだけのショックがあるということは、どんなタイミングで戻ったとしても、世界経済の構造にそうとうな変化をもたらす可能性があるのです。

特に日本の場合は、２０１９年10月の消費増税で景気が悪くなっていた時に、さらにコロナ・ショックが追い打ちをかけたという側面があります。

日本はタイミングが最悪だったというわけです。世界的には、アメリカ経済を中心に絶好調のところに突然コロナ・ショックがきましたが、日本においては、ただでさえ米中貿易摩擦の影響などを受けて、2018年の11月から景気後退に入っていました。

日本政府はコロナ・ショック後にようやく景気回復の判断を取り下げましたが、明らかに経済は弱っていました。にもかかわらず、2019年の10月に消費増税をやってしまいました。そんなところにコロナ・ショックがのしかかってきたわけです。

私は、初期の段階では「三重苦」（米中貿易摩擦、消費増税、コロナ・ショック）といっていましたが、今回のコロナ・ショックによって、2020年の日本経済の数少ない起爆剤として期待されていた東京オリンピックが1年延期になってしまいました。オリンピックがなくなったということで、また一つ苦が増えて「四重苦」という状況に陥ってしまったのです。これはそうとう深刻だと思います。タイミングは最悪ですので、場合によっては海外よりも影響が長引く可能性があるでしょう。

緊急事態宣言も県をまたぐ人の移動自粛も解除（2020年6月19日）されましたので、経済も徐々に戻りつつありました。しかし、足元（7月）ではまた感染者が増える傾向にあるなど、元の水準に戻るまでには、かなりの時間がかかるでしょう。もちろん落ち着いた状況になってオリンピックが開催されれば、正常化に向けた一つの起爆剤になるかもしれません。

ただしコロナ・ショックによって移動が抑制され、テレワークなどで働き方も変化してきているため、新型コロナウイルスの脅威が収束（終息）したとしても、以前のような生活には戻らないのではないでしょうか。いずれにしても、産業構造的にはかなりの変化が起こると考えています。

新型コロナウイルス感染症がどのようなタイミングで収束（終息）に向かうかわかりませんので、今後の世界経済を見通すのはなかなか困難です。そういう中で、落ち込んだ景気はどれくらいのタイミングで回復するのか。もしくはより悪化するのか。さらには、欧米による異次元の金融緩和や大規模な財政政策の副作用が今後どう出てくるのか。そして２０２１年、日本で無事に東京オリンピックが開催されるかどうかも含めて、新型コロナウイルスを克服したあとの日本と世界の経済はどのような方向に進んでいくのか。考えうるさまざまな可能性を検討しながら、過去の事例やデータを踏まえつつ予測していきたいと思います。

第1章　アメリカファーストのゆくえ

コロナ・ショックに揺れるアメリカ

今回のコロナ・ショックによって、アメリカ経済はどのような影響を受けているのでしょうか。

これを一言でいうと、まさに「戦争級の衝撃」ということになります。そもそも新型コロナウイルスの広がりについては、最初は「ショック」とまではいわれていませんでした。2002年から翌年にかけて流行したSARSよりも少し悪い程度の認識で、中国や東アジア内で収まるだろうと思われていました。それが日本に広がり、さらにものすごい勢いで欧米、そして世界中に広がってしまったわけで、それによって経済もそうとうな衝撃を受けています。

経済は、主に金融経済と実物経済とに分けて考えますが、金融経済については、100年に一度の危機といわれたリーマン級の影響が出ました。

図1-1のグラフはVIX指数、別名恐怖指数といって、市場関係者がどれだけマーケットに恐怖を抱いているかを示しています。

VIXとはボラティリティ・インデックス（Volatility Index）のことで、S&P500

図1-1　VIX（恐怖）指数
～マーケットはリーマン級の恐怖感～

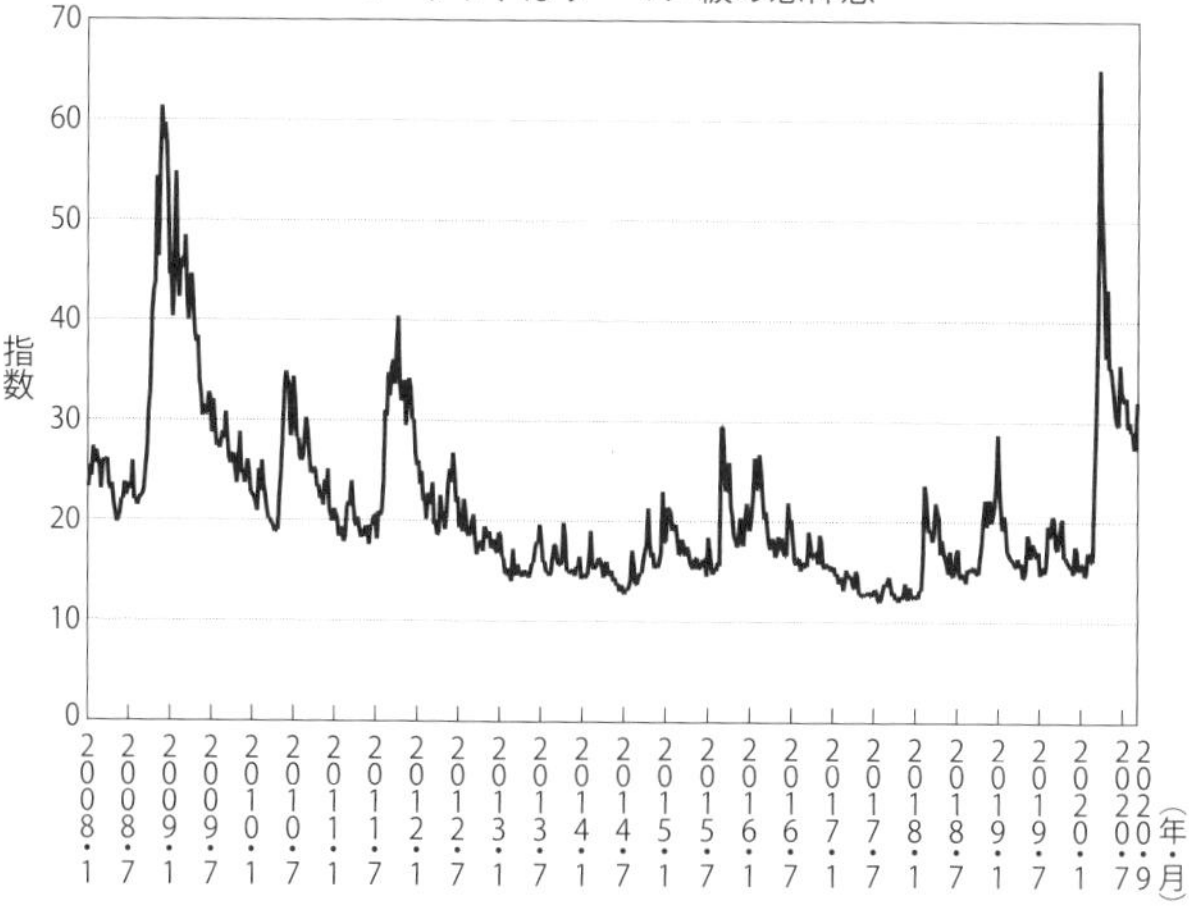

出所：CBOE

の株価指数ボラティリティ（予想変動率）をもとに計算されています。これが上がれば上がるほど恐怖感が高まっていて、水準が低いほど恐怖感が低いということになります。

２００８年9月15日のリーマン・ショック後は、アメリカの対応が後手に回ったこともあって、そうとう上がっています。このグラフだと60を少し超えたところになっていますが、これは週平均のデータですので、瞬間風速的には80を超えています。その後は時々上がる局面があったものの、この10年間は過去最悪だったリーマン・ショックを超えることはありませんでした。

ところが今回、週平均でみてもリーマン・ショックの時を超えています。目にみえない危機、すなわちウイルスによってヒトとモノが動かなくなってしまったという経験したことのない危機に対する評価ということになるでしょう。

たとえば病気になった時、病名や症状がわかっていれば、これから悪くなるとわかっていても、ある程度の見通しはつきます。最も不安なのは、自分がどのような病気にかかっていて、今後どうなるのかがわからないという時です。マーケットというのはまさにそういう不安を反映します。ですからコロナ・ショックは先行きが読めないということで、そうとう不安になったということです。

それ以上に影響が出ているのが実物経済で、これは凄まじいといえます。毎週発表されるアメリカの新規失業保険申請件数のグラフ（**図1-2**）をみてもわかるとおり、リーマン・ショック後の65万件という失業申請件数がこれまでのピークでした。

平常時は、大体20万件くらいです。それが3倍にも増えたということで大変だといわれたわけです。しかし、コロナ・ショック後はそれをはるかに凌ぐ650万件以上になりました。アメリカは意図的に経済を止めるロックダウンをやったこともあって、リーマン・ショックの時の10倍にも膨らんだわけです。

図1-2　新規失業保険申請件数
～ピークの2割まで低下も～

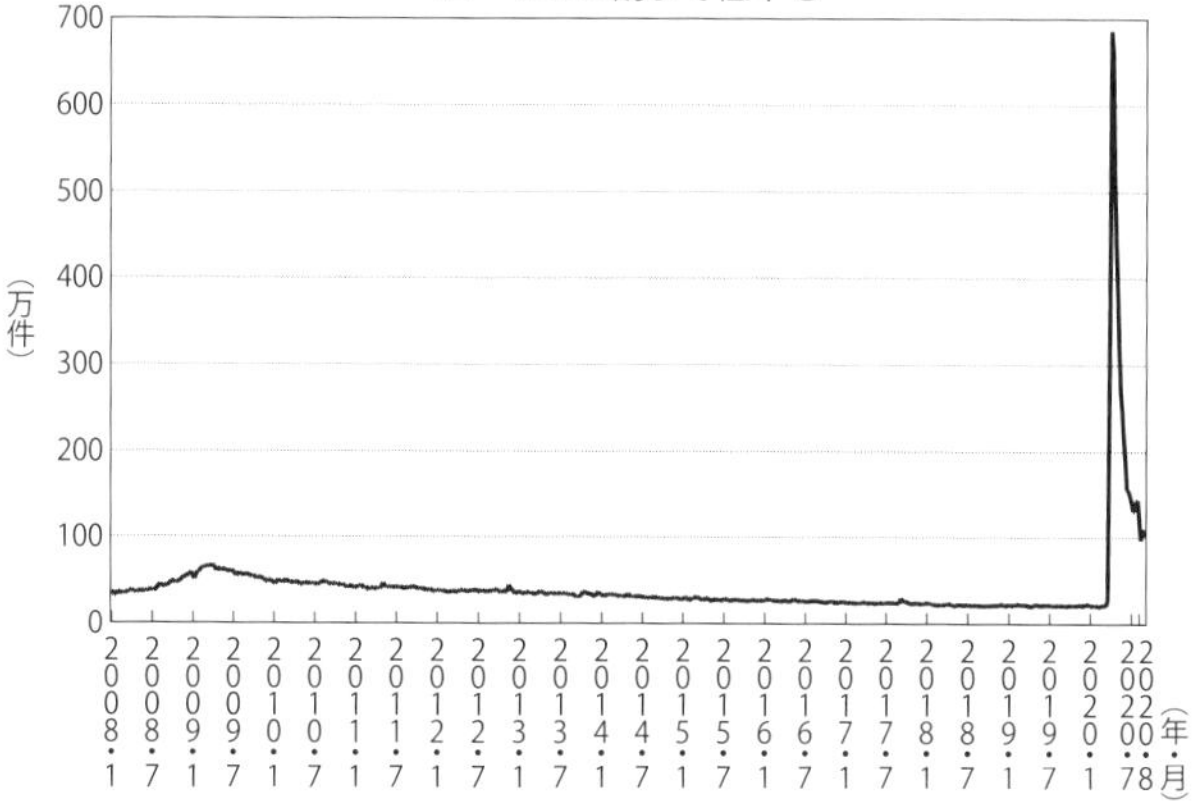

出所：米労働省

日本と違ってアメリカは、いわゆるレイオフ（一時解雇）が簡単にできるのでリストラしやすいということがあるでしょう。人を切りやすい。すぐに一時解雇して、経済が戻ったらまたすぐに雇用するということです。

日本はできるだけ雇用を守って、みんなで少しずつ給料を下げるということが一般的に行われていますが、アメリカの場合はそうやって雇用を調整するため、失業者がかなり増えていきます。トランプ政権になってから直近までのアメリカの失業率は、3パーセント台という50年ぶりの低い水準まで下がっていたのですが、短期的には14・7パーセントまで跳ね上がりました。

失業者も2500万人程度増えましたので、これは明らかに戦争級の衝撃といえるでしょう。

ただ、後で触れるように、アメリカの場合は失業してもいろいろな厚い手当てが付くような経済対策をやりましたので、雇用者も安心して失業できたという部分もあります。


リーマン・ショック時の10倍にものぼる失業件数となったわけですから、アメリカ経済全体に及ぼすダメージは、かなり大きかったといえるでしょう。

リーマン・ショックの時はお金の流れが一気に止まってしまったので、金融を中心に、不要不急のものではない自動車などの買い控えから、大企業への影響が大きかったわけです。日本でも、製造業などでは期間工の人たちがリストラされて大変でした。しかし、自動車産業というのは日本企業にとってとても強い業態ですので、企業が倒産することはなかったのです。一方、アメリカでは自動車産業が弱っていたこともあり、いったん倒産するような状況になりましたが、事業規模も大きかったため、政府がきちんと支援したうえでの整理だったのです。

しかし今回は、そもそもヒトとモノが動かなくなりましたので、インバウンド関連の旅行業界、飲食や宿泊といった中小のサービス産業等が甚大な被害を受けています。アメリカの場合は交通、航空業界が大きなダメージを受けていますが、中小のサービス業は大企業に比べて体力が弱いため、倒産も出やすいのです。

自動車産業ももちろん大きなダメージを受けていますが、製造業ですので、組み立てたものを売る、すなわち専門用語で「資本集約的」といって、設備などのウェイトが大きいことになります。一方、サービス業は「労働集約的」で、マンパワーの部分、すなわちヒトが寄与する部分がかなり大きいのです。

ですから、そこの活動が止まってしまうと、それだけすぐに失業者も増えやすいわけで、そういう意味では、単純なGDPの落ち込み以上にサービス業で働くほとんどの人々の暮らしはとても厳しい、ということになります。

岐路に立たされたトランプ大統領

2020年11月に、アメリカは大統領選挙を控えています。では、トランプ大統領は再選できるのでしょうか。過去の経験則に基づいて単純に考えれば、そうとう厳しいことになります。

表1－3をみてください。これは直近6回の大統領選で再選を目指した大統領候補者が、再選に成功したか失敗したかをまとめたものです。4勝2敗ですので、やはり再選は有利だといえます。

それには理由があり、二期目の場合は当然、大統領選に至るまでの間は政権を握っていますので、自分に有利な政策ができます。何でもできるわけではありませんが、大統領権限でできるものもありますので、基本的には有利になります。

それでも過去6回のうち2回は再選に失敗しています。1976年に初回当選したカーター大統領と、1988年に初回当選したブッシュ大統領です。この二人の共通点は何か。一般には、大統領選の勝敗を左右するのは選挙直前の経済動向だとよくいわれています。選挙の直近1年の経済が非常に重要だといわれているので、それを分析します。

表1-3　歴代大統領再選結果と金融・経済情勢

初回当選年	大統領	政党	結果	再選選挙直近1年の変化 株価 %	失業率 %pt
1976	カーター	民主	落選（1980）	13.3	1.5
1980	レーガン	共和	再選（1984）	−1.5	−1.4
1988	ブッシュ	共和	落選（1992）	5.1	0.3
1992	クリントン	民主	再選（1996）	26.7	−0.3
2000	ブッシュjr	共和	再選（2004）	2.3	−0.5
2008	オバマ	民主	再選（2012）	9.6	−1.0

出所：各種報道、ブルームバーグ

少し前まで、トランプ大統領は再選のために株価ファーストだといっている人がいましたが、株価は本当にそこまで重要なのでしょうか。表1－3をみると、じつは必ずしもそうではないのです。たとえば、1980年に初回当選したレーガン大統領の場合、二期目の選挙時にはその1年前と比べて、株価は1・5パーセント下げているのに再選されています。一方、カーター大統領は、二期目の選挙の直近1年間の株価は13パーセント以上も上げているのに、再選に失敗しているのです。

では、何が重要なのかというと、やはり実体経済、具体的には失業率です。再選に失敗したカーター大統領もブッシュ大統領も、いずれも直近1年間の失業率が上がっていました。逆に、再選を成功させた4人の場合、直近1年間の失業率は下がっています。となると、少なくとも経験則的には、直近1年間の失業率が非常に重要だということがいえると思います。

では、失業率で考えるとどうなのか。先ほども触れましたが、トランプ政権下での失業率は、コロナ・ショックが起きる前は歴史的水準まで下がっていました。**図1－4**のグラフにあるように、3・5パーセントまで下がっていました。これは50年ぶりの低水準です。このように、雇用環境はそうとう良かったわけですが、経済活動もある程度戻りつつある

図1-4　**米国雇用統計**
～ロックダウンで大幅悪化～

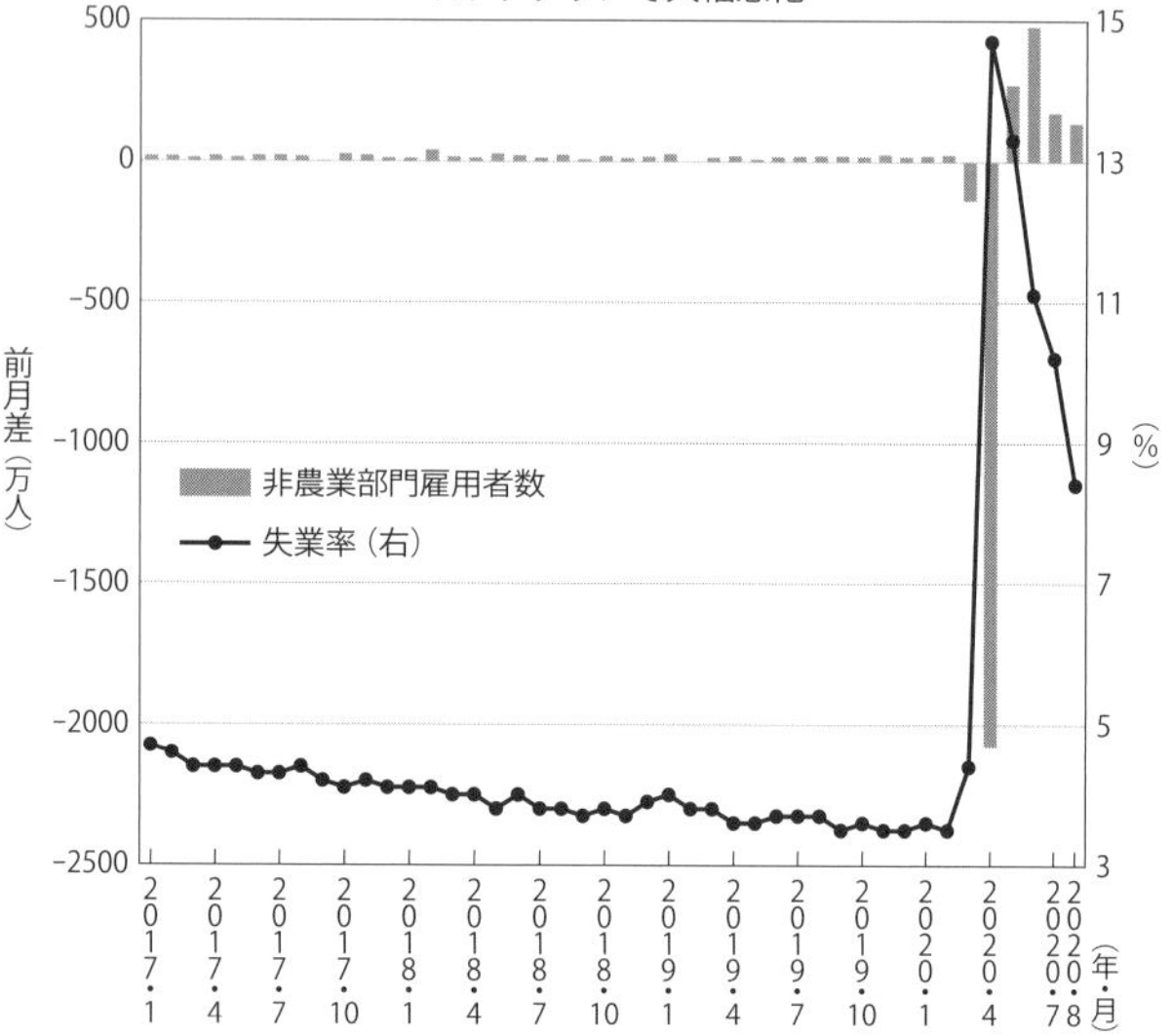

出所：米労働省

２０２０年の7月時点でも、失業率は10パーセント前後の高水準となっているのです。

では、トランプ氏が大統領になって失業率が50年ぶりの水準にまで下がったのはなぜなのか。

やはりトランプ減税の影響が大きいと思います。10年間で１・５兆ドル、日本円に換算（１０７円）するとおよそ１６０兆円以上の減税をやることによって、当然、実体経済もプラスになりますから、株価も右肩上がりで推移しました。

アメリカ経済というのは、特

に個人消費の経済といわれます。アメリカのＧＤＰは世界のＧＤＰの４分の１を占めていますが、そのアメリカのＧＤＰの中の４分の３が個人消費なのです。

では、アメリカの個人消費は何に左右されるのかというと、やはり雇用環境が非常に重要なわけです。先にも述べたとおり、アメリカでは賃金よりも一時解雇などの雇用調整によって人件費を調整しますので、雇用環境の良い悪いがそのままアメリカ人の収入、個人消費に直結して、アメリカ経済を左右するのです。

だからこそ、アメリカの雇用統計というのは、マーケットで最も注目されるのです。それが、２０２０年の1月までは絶好調でした。ですので、このままいったらトランプの再選は確実といわれていたわけです。

ところが、今回のコロナ・ショックによって雇用環境が一気に悪化してしまいました。ただし、ここまで劇的に失業率が動くということは過去にはありませんでしたので、大統領選直近までにかなり下げられれば、それはそれで追い風になるかもしれません。

繰り返しになりますが、アメリカの場合は、これでもかというくらいお金を使って景気対策をやっていて、安心して失業できるような状況だったからこそ、ここまで失業者が増えたという見方もできます。ですから、失業率が上がったからトランプ大統領が再選される可能性が低くなったとは単純には読めないでしょう。

コロナ・ショックが起きる前に比べればピンチになっていますが、こういう難局を乗り越えて改善の方向に向かっていけば、それこそ世界恐慌以来の100年に一度の危機を克服しつつあるのはトランプ大統領のおかげだということで、プラスに働くかもしれません。そういう面も考慮しなくてはいけないため、なかなか読みにくい選挙になるでしょう。

3兆ドル以上の財政出動と金融緩和

さらに、トランプ大統領の再選における有利不利を左右する要因として、金融・財政政策が挙げられます。これが、今回のコロナ・ショックでどう打ち出されているのかというと、第四弾までの経済対策として2・9兆ドル（約310兆円）も行っています。**表1-5**は最も大きい第三弾の内訳で、2・2兆ドルという金額はアメリカのGDPの約1割にも達する規模なのです。

日本のコロナ経済対策も第四弾まで打ち出されていますが、事業規模で234兆円まで膨らみました。これは日本のGDPの4割にも及ぶという見方もできますが、じつは、この234兆円の中で実際に政府が負担をするのは67兆円程度にとどまります。

それに比べて、アメリカの場合は中身が非常に濃いといえます。具体的にはどういうことか。景気対策をみる場合に最も重要なのは「財政支出」の部分です（表1‐5）。その下にある「政府融資」や「FRBを通じた資金供給」というのは、政府系の金融機関がお金を貸したり政府が長期に融資したりするものです。そういった、政府がお金を出すけれども、最終的には民間の支出になって返してもらう部分というのは、どれだけ借りられるかわかりませんし、借りた企業が支出するかもわからないということで、効果は不透明なのです。

表1-5　米国の経済対策（第三弾）の概要

項目		億ドル	GDP比
財政支出		13,510	6.0%
	家庭向け現金給付	2,900	1.3%
	失業保険給付拡充	2,600	1.2%
	医療関連支出	3,400	1.5%
	企業向け税制優遇	2,900	1.3%
	航空産業向け補助金	320	0.1%
	その他	1,390	0.6%
政府融資		3,950	1.8%
FRBを通じた資金供給		4,540	2.0%
計		22,000	9.8%

出所：各種報道資料より作成

ですから、エコノミストが経済対策の効果をみる時に重視するのは、財政支出の中でも、いわゆる「真水」という、政府が自腹を切って負担するお金です。アメリカではこの財政支出が第三弾だけで1・3兆ドル以上で、GDPの6パーセントなのです。さらに第五弾で1兆ドル追加されることになっています。また「家庭向け現金給付」もとても迅速に実行されました。事実、4月早々には完了しています（大人1200ドル、子供500ドル）。アメリカの場合は、日本のマイナンバーのようなものが銀行口座と紐づいているので、すぐに給付が可能でした。

しかし一方で、財源は足りているのでしょうか。これからのアメリカをみるうえで注目すべき部分でしょう。

100年に一度といわれたリーマン・ショック時の財政政策、財政支出というのは7000億ドル程度でした。その4倍くらいのことを実施しているわけです。さらに、借金ということでいうと戦時国債の発行も検討されました。日本は財政政策については、昔から〝too little, too late〟といわれてきましたが、〝too big, too fast〟がアメリカということになります。

もちろん財政政策だけではなく、金融政策でも非常に素早い対応をしています。一般的な金融緩和という意味でいうと利下げになります（**図1-6**）。

リーマン・ショックの時にはゼロ金利だけではなくて量的緩和も行い、迅速な対応をしました。そのおかげで、先進国の中では最も早く経済が戻り、利上げもできたのです。そ

図1-6　米国の政策金利（FFレート）と長期金利
～リーマン以来のゼロ金利～

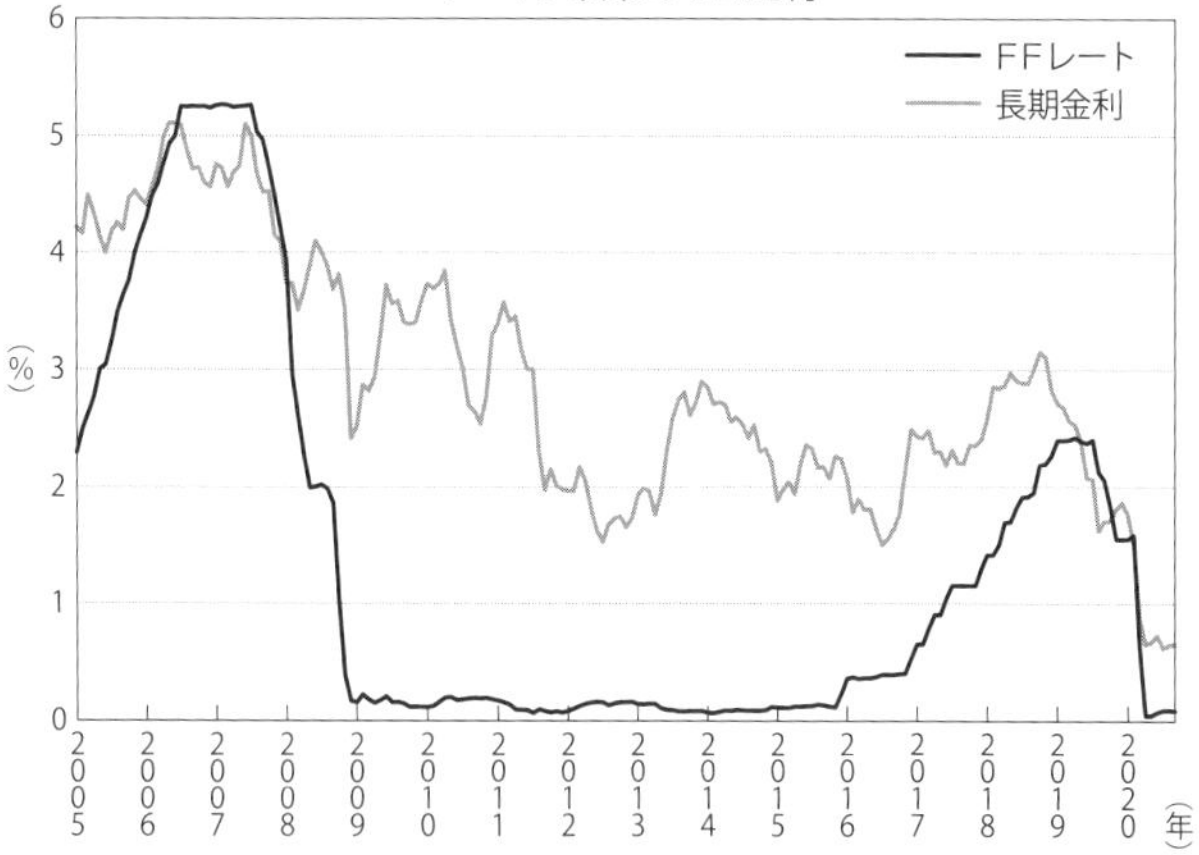

出所：FRB

の結果、利下げする余地ができたので、一気にゼロ金利に利下げすることができました。さらに無制限の量的緩和までやっています。

また、今回は金融緩和だけではなく、企業の資金繰り支援もやっていますので、今のところ期待以上の金融・財政政策が行われているということでしょう。

二期目のトランプを待ち受ける試練

トランプが二期目の当選を果たすのかどうかはわかりませんが、２０２１年に新たな大統領が就任したあとのアメリカ経済について展望してみたいと思います。

これまでにも述べてきたとおり、アメ

リカはコロナ・ショックの対策として大胆な政策を迅速にやっていますし、新型コロナウイルスの蔓延も永遠に続くわけではないでしょう。ですから、そんなに遠くない将来、どこかのタイミングで経済は回復していくと思います。

そうなった時に何が問題になってくるのか。

経済対策をかなり大胆にやっていますので、財政赤字の拡大がどう表面化するかという問題があります。そして、もう一つ、トランプ大統領が再選した場合には米中摩擦がさらに激化すると思います。すでに中国のコロナ対策の遅れや隠蔽、香港の自治に関する問題等で対立が表面化してきています。

米中貿易摩擦については、コロナ・ショックの前にいったん休戦状態になっていました。これは終戦ではなくて、あくまで休戦です。なぜかというと、トランプ大統領が再選を目指しているからです。

表1-7は、これまでの米中の追加関税措置をまとめたものです。そもそもこの追加関税というのは、2018年7月6日に第一弾が始まりました。そこから段階的に第二弾、第三弾、第四弾というかたちになっています。基本的にはアメリカが追加関税を打ち出し、それに対して中国が報復するという流れできています。

表1-7　米中追加関税措置

	米国→中国		中国→米国	
関税賦課開始日	億ドル 追加関税	主な対象項目	億ドル 追加関税	主な対象項目
第一弾 2018年７月６日	340 25%	産業機械 電子部品	340 25%	農水産品 自動車
第二弾 2018年８月23日	160 25%	プラスチック製品 集積回路	160 25%	化学製品 医療設備 エネルギー 自動車
第三弾 2018年９月24日 2019年５月10日	2000 10% ↓ 25%	食料品 家具	600 ５〜10% ↓ 25%	液化天然ガス 飲食料品 電気製品
第四弾Ａ 2019年９月１日	1110 15%→７%	テレビ 玩具	750 ５〜10%	海産物 果物 木材 自動車
第四弾Ｂ （見送り）	1560 15%	スマホ PC		

出所：内閣府資料を基に作成

風向きが変わったのは、第四弾Ａのところです。アメリカは２０１９年９月に関税を15パーセントに上げたのですが、大統領選を控えているということで、トランプ大統領も中国から譲歩を引き出すことによって、米中の通商交渉を合意させる方向に動いたわけです。その合意内容というのが、中国がアメリカからの輸入を２年間で２０００億ドル増やせば、第四弾Ａで挙げた１１１０億ドル分の輸入追加関税（テレビとか玩具）を、15パーセントから半分の７パーセントにする。かつ第四弾Ｂの部分（スマホやパソコン「ＰＣ」、残りの輸入品全部）も見送る、と。

そういった手打ちを第１段階で行った

わけです。しかし中国からすれば、過去に行われた追加関税は全て取っ払ってほしかったわけです。なぜ、アメリカはそうしなかったのか。それは、中国がアメリカの要求どおりに動いておらず、不満なところがあるからです。

具体的には、たとえば知的財産権の保護の問題があります。これについては第1段階の合意の中に、解決に向けて話し合う文言が入ってはいますが、それ以上にアメリカが問題視しているのは、中国が国有企業を中心に自国企業を補助しすぎているという問題です。

これについては、中国は全く譲歩するそぶりをみせていません。さらにいえば、5Gなどの次世代通信技術の部分で、アメリカは中国に先を行かれてしまっているため、中国を叩かなければならない。要はハイテクの覇権争いです。となると、トランプ大統領が再選を果たせば、二期目は次の再選を意識せずにやりたいことをやれますから、貿易摩擦が激化するのは当然の流れだと思います。

では、アメリカと中国の経済規模を考えた場合、どちらが有利なのでしょうか。

単純な関税のかけ合いだと中国のほうが不利です。中国が2019年にアメリカから輸入した金額は1500億ドル程度でしたから、どんなに関税をかけても1500億ドルの範囲内ということになってしまいます。一方、アメリカは中国から5000億ドル以上も輸入していましたので、かける余地はそれだけ大きいといえます。

ただ、アメリカのほうが100パーセント有利かというとそうでもありません。なぜなら、そもそもアメリカで使われているPCやスマホは、約7割が中国からの輸入品なのです。第四弾BのスマホやPCは中国でないと作れないのです。完全な合理化をしてしまっていますので、できるだけコストパフォーマンスのいいところで製造しているのです。

単純にコストだけで考えれば、東南アジアあたりのほうがよさそうな気もしますが、しかしそれはできません。スマートフォンは、技術力が非常に高いハイテク製品なので、これを組み立てるには一定水準以上の技術者を大量に確保しなくてはいけません。となると、今の段階では中国しかないのです。5年か10年くらい経てば、インドあたりでもできるようになると思いますが、まだそこには達していないということでしょう。

ただアメリカのほうも、じつは、結構強《したた》かにやっています。第一弾、第二弾、第三弾と分けたのは、できるだけアメリカ経済に影響が及びにくいものから追加関税をかけていったということです。たとえば、電子部品に追加関税をかけても、ほかの国から調達できるため、アメリカとしてはあまり痛くなかったわけです。しかし、段階を踏むにつれて、アメリカ経済にダメージが及びやすいものが対象になっています。

図1-8　G7諸国の財政収支／GDP
～米国が最悪～

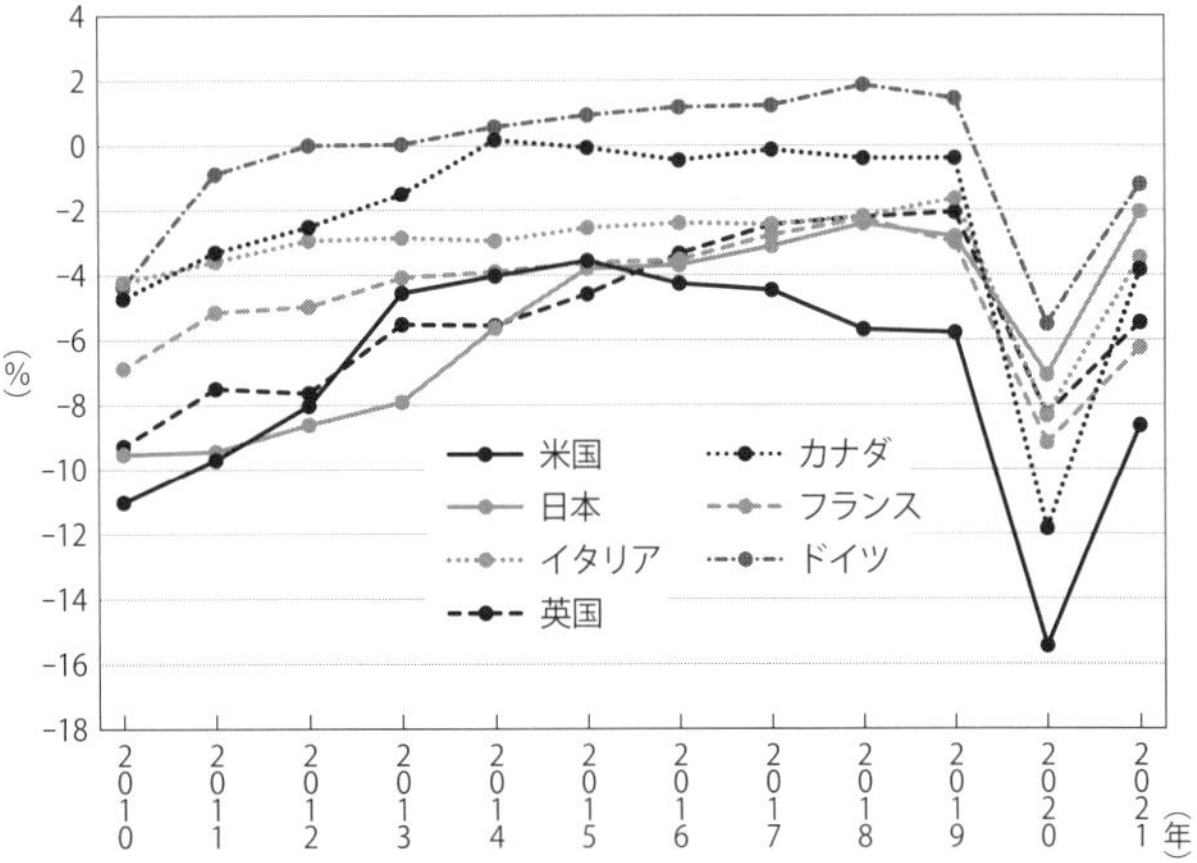

出所：IMF

殆ど中国から輸入しているものについては、追加関税をかけたらアメリカの消費者にそのまま負担がのしかかってしまいます。ですから、段階的に関税をかけていったと予想されます。

財政赤字については、**図1-8**をみてみましょう。Ｇ７諸国の財政収支のＧＤＰ比を比較したグラフです。２０１９年の時点でも、トランプ減税の影響などでＧ７諸国の中で財政赤字が最も大きいのですが、２０２０年はＩＭＦの６月時点の予測でも、さらに赤字が拡大する見通しになっています。

ちなみに日本の２０２０年の財政赤字

は、ドイツに次いで2番目に少ない予測になっています。これは恐らく一律10万円の給付金すら織り込んでいない段階の予測値ですので、それに加えて第二次補正予算も織り込んだら赤字幅はかなり大きくなります。

いずれにしても、コロナ・ショックが起こる前から財政政策に前向きだったアメリカは、財政赤字がさらに拡大するということです。

「二期目のトランプ」では、どのような展開が予想されるかをもう少し詳しくみていきましょう。

じつは、トランプ大統領は過去の大統領に比べて公約をかなり実現しています。だからこそ再選の可能性がまだあるわけですが、それでも実現できていない公約というのがいくつかあります。たとえば、オバマケアの撤廃、移民規制、メキシコ国境の壁の建設などがそうです。コロナ・ショック克服後は、またこういった公約を掲げてくるのではないでしょうか。

もう一つ、前回トランプが当確になった時、トランプ・ラリーが起き、アメリカの株価は大きく上昇しました。じつは、トランプ当確が決まったのは日本の市場が開いている時だったのですが、日本株はむしろ下げたのです。しかし、日本時間でその日の夜のアメリカ市場では、株は大幅に上昇しました。それで、翌日の日本株も上がりました。

なぜかというと、トランプ大統領が就任した段階では、議会選挙の結果が出ていなかったからです。トランプ減税が実際に行われれば、足元の景気はよくなるかもしれないが、本当にできるかどうかはわからない。そのためには何が必要か――。

同じタイミングで行われていた議会選挙で上下院とも共和党が過半数を取ることです。そうなったら、トランプ減税の可能性が高まるということなのです。しかし過半数を取れなかったら、トランプ大統領が就任しただけでは減税できません。一方、通商政策や中国叩きは大統領権限で行えますので、そちらのマイナスばかりが出てしまうのではないか。そうした懸念から、日本の相場はいったん下がったのです。

結局、日本の株式市場が終わってから議会選挙の結果が出て、上下院とも共和党が過半数を占めました。それで、これはトランプ減税が確実となるから景気はよくなるということで、トランプ・ラリーになったのです。

ということは今回も、大統領選がどうなるかだけではなくて、議会選挙で上下院とも共和党になるかどうかが大きな鍵なのです。現在、下院は民主党が過半数を占めてねじれていますので、二期目が最初からねじれということになれば、トランプが得意とする財政政策はやりにくくなります。そうなると、大統領権限で実現できる通商政策に傾斜するリスクがありますので、そのあたりは注意が必要ということになるでしょう。

そういう中で「二期目のトランプ」に非常に重くのしかかってくるのが、やはり財政赤字の拡大です。先にも述べましたように、ただでさえトランプ減税によってG7諸国の中で最も拡大していた財政赤字が、コロナ・ショックの対応によってさらに拡大しています。

もちろん、ほかの要因との絡みもあるのでどうなるかは定かではありませんが、そういう中で新型コロナウイルスを克服すれば、経済はかなり戻ってくる可能性があります。そうすると何が起きるか。

財政赤字が大きい中で景気が戻ってくると、長期金利が上がりやすくなります。また、財政の深刻な状況が続くと、場合によってはドル安の圧力を高める可能性があります。そうなると、FRBが利下げしても金融緩和が進みにくくなる可能性があり、FRBの舵取りが難しくなるのではないか。そういうところに注意が必要だと思います。

特にFRBの政策でいうと、パウエル議長が2022年に任期満了を迎えます。トランプ大統領は予《かね》てから、FRBは利下げが足りないといってパウエル議長を批判していました。となると、トランプ大統領はパウエル再任を認めずに違う人を選ぶ可能性があります。

恐らく、金融緩和に積極的なハト派の人を選ぶことが予想されます。ただ、パウエル以上にハト派だけれども経済の専門家ではないような人が選ばれてしまうと、この人で大丈夫なのかという疑心暗鬼がマーケットに広がる可能性もあるでしょう。

あるいは、トランプ大統領がこの人がいいといっても、議会がねじれていれば承認されない可能性もあります。最悪の事態というのは、パウエルの後任が決まらずにFRB議長が空席になってしまう場合でしょう。また、トランプ大統領が求めるようなハト派ではない人がFRB議長になれば、トランプ大統領のFRB議長への批判が長く続くかもしれません。

もう一つの懸念は米中摩擦です。先ほども申し上げたとおり、今は大統領選以降に問題が先送りされ、部分合意という状況です。トランプ大統領が再選されても、制裁が全解除されているわけではない中国は、当然、そこのさらなる解除を要求してくるでしょう。

しかし、基本的にトランプ大統領は中国を信用していませんので、今回の第1段階の合意もそうなのですが、合意内容がきちんと履行されるかどうかを確認してからでないと、制裁は解除しないと思います。

それに、今後2年間で2000億ドル輸入を増やすといっても、中国はコロナ・ショックで景気が落ち込みましたので、そこまで輸入できない可能性があります。当然、中国経済がよければそれだけ輸入できますが、景気が悪ければできません。そうなると、トランプ大統領のほうは、「約束したのに、全然2000億ドルにいかないじゃないか」と、対立が激化する可能性があります。さらに議会でねじれが続くと、議会を通さないとやれない政策の実現性が低下してしまいますので、大統領令の発動だけでできる経済制裁を強力に行う可能性があると思います。

通商政策は議会の承認は要らないとなると、引き続き保護主義的な傾向が続く可能性があります。トランプの経済政策はレーガノミクスの再来（トラポノミクスとも）などといわれていますが、要は白人ブルーカラーの味方のスタンスで出てきたわけです。しかし、白人ブルーカラーの人たちがぶら下がっている産業というのは、基本的にラストベルト地帯等のオールドエコノミーなのです。

結局、その部分が温存される可能性もありますので、そういった意味でもアメリカ経済の生産性の停滞が懸念されます。

さらに、中国とのハイテクの覇権争いを含めて、ハイテク産業をいかに伸ばすかということが非常に重要だと思います。その面でいうと、今までアメリカが曲がりなりにもハイテク産業でトップを走ってこられた大きなポイントとして、多くの優秀な人材が移民で入ってきたということがあるわけです。

この移民政策については、もともと規制を強化する動きだったのが、今回のコロナ・ショックによってより強まる可能性があるかもしれません。そうなると、ただでさえハイテクで中国に先を越されて焦っているという状況の中で、コロナ・ショックでさらに移民規制が強化されることになると、アメリカのハイテク産業はますます中国に後れをとってしまう。そういうリスクも警戒すべきだと思います。

社会保障については、やはりオバマケアの廃止をやろうとするでしょう。しかし前回は、共和党の中でもマケイン上院議員などが反対したために、上院と下院ねじれていないにもかかわらずオバマケアの廃止は通りませんでした。さらに今回のコロナ・ショックによって、やはり医療保険は重要だということで盛り上がってくる可能性があります。次の議会選挙でねじれが解消されれば、再びオバマケア廃止にトライすると思うのですが、引き続き厳しい状況が続くのではないかと考えています。

バイデンが大統領になったら政策はどうなるか

民主党の大統領候補バイデンについてもみておきましょう。

選挙はどちらが勝つのか――。トランプなんてあり得ないといわれていたのが当選してしまったわけですから、どちらが勝つのかはかなり不透明な状況だと思います。前回は、トランプは選挙戦で過激なことを言っていましたし、世論調査でもトランプ劣勢だったのに、予想外の結果になりました。

一般的に、民主党は弱者に手を差し伸べるという傾向が強いため、バイデンはトランプと比べると再分配に配慮した税制改革をすることが予想されます。家計で考えると、富裕層は増税の一方で、中間層は負担軽減といった再分配政策を進める可能性があるでしょう。また、トランプが下げすぎた法人税は多少上げるのではと予想されます。

バイデンはオバマ政権の時の副大統領ですので、恐らくオバマ政権に先祖返りをするようなイメージなのでしょう。ただ、財政規律も重視していますので、トランプより財政規律は強まると思います。

ですから、税制というところだけでみれば、株価的にはトランプよりも、短期的にはポジティブではないかもしれません。ただその分、トランプが再選された場合と比べて、長期金利が上がったりドル安が進んだりといった財政リスクは少し下がるかもしれません。

そうなると、ＦＲＢも舵取りがしやすくなる可能性があります。パウエルの後任のＦＲＢ議長が誰になるかは不透明ですが、政権が交代するとＦＲＢ議長も代わる場合は多いですから、雇用などを重視する基本的にはハト派を選ぶと思います。

バイデンはトランプのようにＦＲＢを批判したりせず、中立で尊重するのではないかと予想されますので、その点からみても金融政策は運営しやすくなると思います。

また、バイデンが大統領になって最も変わるのは、恐らく通商政策でしょう。トランプとは対極的な考えを持っているからです。バイデンが副大統領をやっていたオバマ政権の時にはＴＰＰ（環太平洋パートナーシップ協定）を進めています。かつ、バイデンはトランプの通商政策をかなり批判していますので、中国に対する制裁関税は緩和の可能性もあります。

そうなれば当然、中国も、報復関税の緩和ないし取り下げをするはずですから、そういう面でも通商政策の不透明感が少し和らぐ可能性があります。しかし、だからといってバイデンが親中派かというと、そうでもありません。

民主党政権は民主主義や人権を非常に尊重していますが、この二つはいずれも中国とは真逆の考え方です。このため、通商政策は少し緩和されても、親中まではいかないでしょう。人権問題や安全保障に関しては、かなり強気な対応をしてくる可能性がありますので、そこは注意が必要かと思います。

もう一つの重要なポイントは、やはりTPPです。離脱を解消する可能性があるからです。また、トランプの移民政策を批判しており、トランプのように移民排除はしないと思いますので、その点に限ればハイテク分野には若干プラスになるかもしれません。医療保険も、オバマケアの維持を念頭に置いていると思います。加えて、バイデンはかなり環境問題、環境政策に力を入れていますので、たとえばCO2排出を2050年に実質ゼロにするとか、環境関連のセクターを支援するとか、オバマ政権の時のグリーン・ニューディールに近い政策を実行することが予想されます。

また、日本経済への影響についてはどうなるか――。

バイデンになれば、当然、TPPや通商政策面ではプラスになる可能性があります。一方、トランプ再選になれば、引き続きトランプ氏と対等にやりあわなければなりません。

そういう首脳は世界的にも安倍首相くらいしかいないわけですが、それがバイデンになると安倍首相の4選には逆風になるかもしれません（注：2020年8月28日、辞任を表明）。そうすると仮に新しい総理大臣が対峙するということになれば、仕切り直しになって、トランプ氏の時のようなアメリカとの関係性は変化する可能性があるでしょう。

NYダウは市場最高値を再び目指すのか

では、そういう中で、いったん大きく調整を迫られたアメリカの株価はどうなるのでしょうか。長い目でみれば、再び上昇基調に戻るのではないかと考えています。

株の価格について経済の理屈で考える時、「配当割引モデル」というものがあります。これは端的にいえば、その企業が将来どれだけ収益の期待があるかということで株価が決まってくるという考え方です。では、その期待は何によって形成されるのかというと、やはり先行きの経済見通しに非常に大きく左右されるわけです。

世界経済の4分の1はアメリカ経済です。アメリカ経済≒世界経済のようになっていますので、やはりアメリカの経済の影響は大きいわけです。ということからすると、コロナ・ショックで相当株価は調整しましたが、上昇トレンドはやはり続くのではないでしょ

図1-9　NYダウと名目GDP

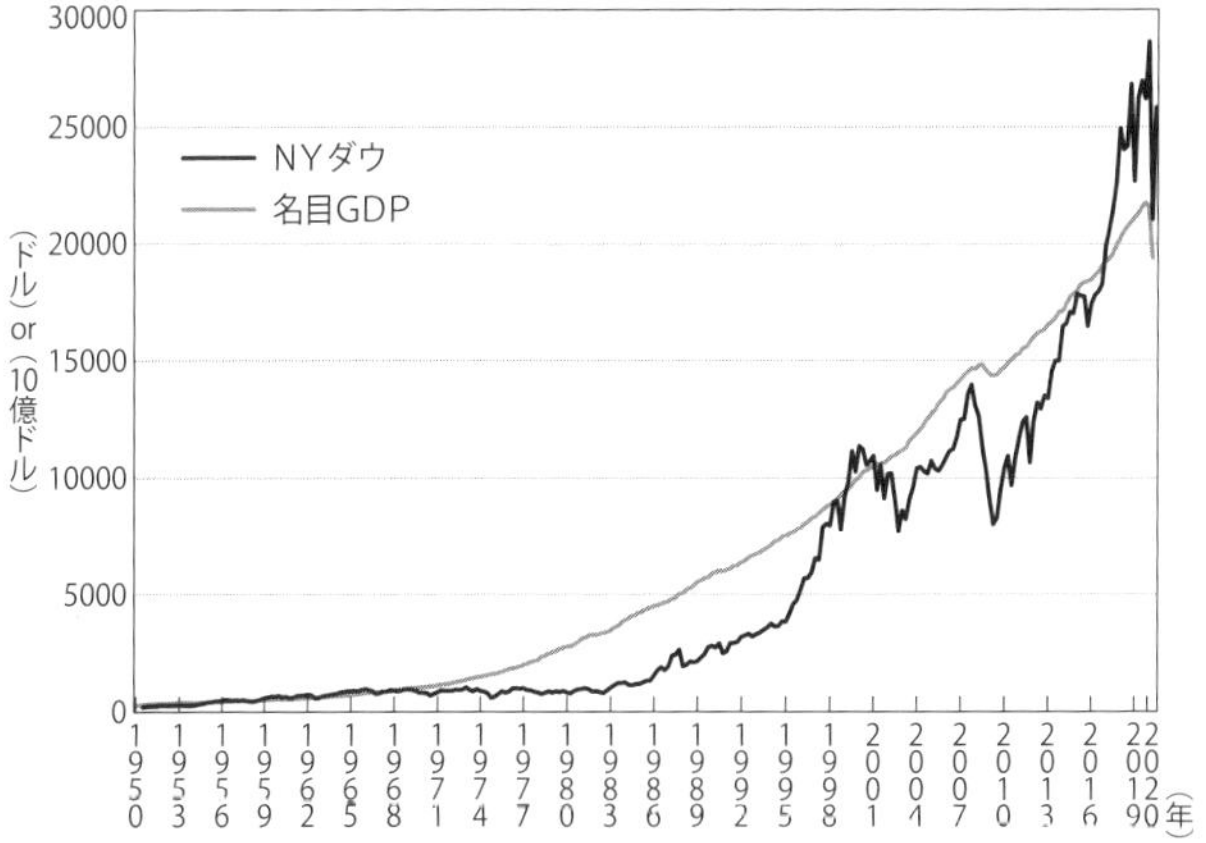

出所：米商務省

うか。これまでトランプ減税などがあって上がりすぎていたものを、むしろ一部調整した部分もあるのではないかとみられます。

図1-9は、1950年から70年間のニューヨーク・ダウとアメリカの名目GDPの推移を表したものです。株価というのは、期待によって上がったり下がったり、オーバーシュートしたりもするため、実体経済ほどなめらかに動きませんが、長い目でみるとそれなりに名目GDPの周辺で上がったり下がったりしていることがわかると思います。そうした中で特にトランプ・ラリー以降については、実体経済に対して株価がかなり上振れしていましたので、コロナ・ショック後の調整というのは、ある意

味で上がりすぎた分の調整もあり、遅かれ早かれある程度の調整はあっただろうと思います。

結局、景気というのは循環的に動くわけです。景気が良い時は、当然、トレンドよりも上振れし、景気が悪いとトレンドから下振れするわけです。

コロナ・ショック後のアメリカは2020年3月から景気後退に入りましたが、リーマン・ショックの景気後退が底打ちしてから2020年2月までの10年以上、戦後最長の景気回復を更新していたわけです。それだけ株価も上振れしていたわけで、景気後退に入れば当然、下振れします。ですから、これくらいの調整は長い目でみれば致し方のないことと考えられます。

ただ、このままコロナ・ショック前の水準にまで戻らないかというと、そこは違うでしょう。アメリカの名目GDPをみてもわかるように、リーマン・ショックのところは少し下がっていますが、こういう景気後退や危機が起きた時、アメリカは非常に迅速に大胆な政策対応をしますので、落ち込みは限定的です。それでもトレンドから下がっているということは、かなりの影響があったということです。

今回のコロナ・ショックによる水準訂正で、GDPはいったん大きく下がると思います

図1-10　米国の人口と実質GDP

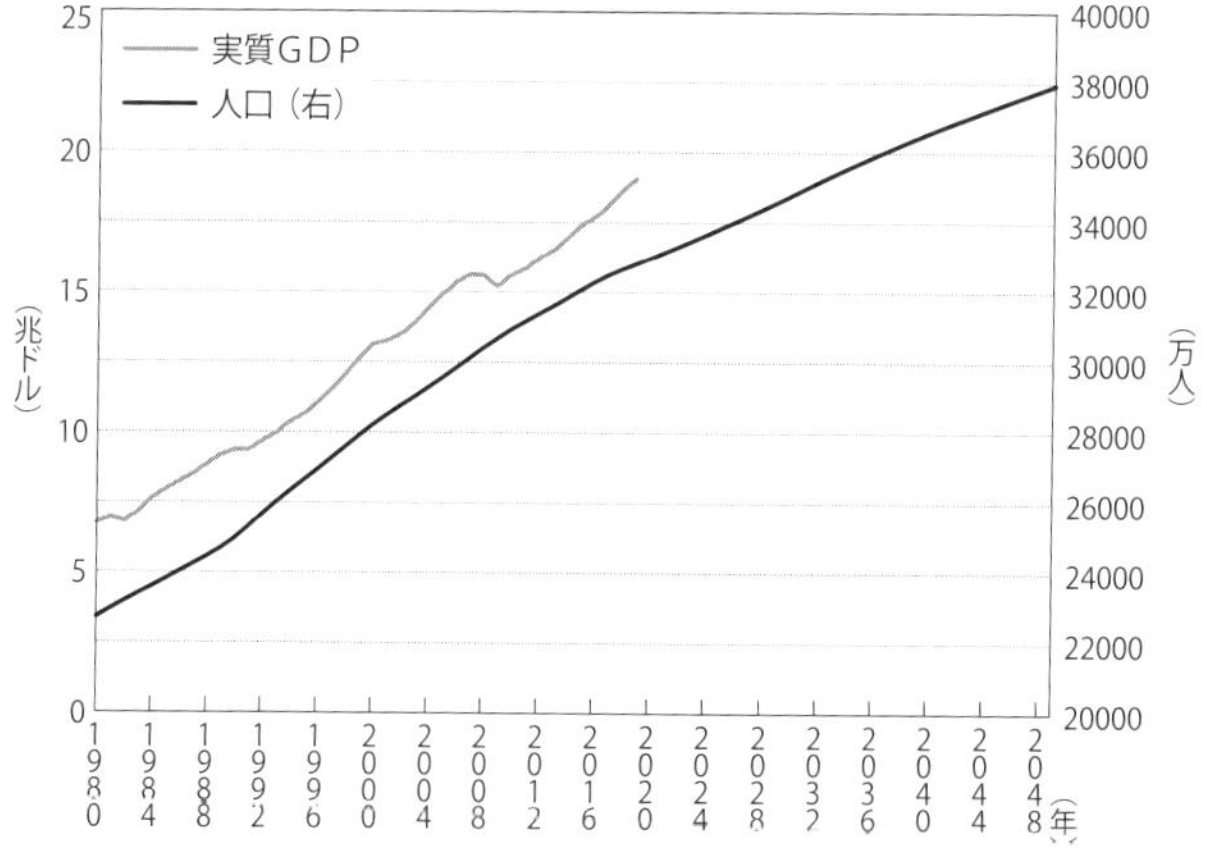

出所：米商務省、国連

が、下がったところからまた右肩上がりでトレンドに戻ると思います。そして、右肩上がりのトレンドのキモになっているのは何かというと、それは人口の増加です。人口が増えれば、やはり経済活動も増えるわけで、**図1-10**からもわかるとおり、確かにトレンドは少し弱まるかもしれませんが、人口は2050年にかけて右肩上がりで増えていく予想になっています。アメリカはそれなりに出生率があり移民の国ですから、全体として増加傾向は変わらないでしょう。

　これは、トランプが再選されてもバイデンが勝っても、長期トレンドでみれば人口も増えていくしGDPも上がっていくということです。ただ、リスクはあります。アメリカ経済は資本主義経済のお手本となっていますが、その理念が覆される可能性が全くないわけではありません。今回の民主党による大統領候補を争う戦いで、民主社会主義を掲げるサンダース上院議員が善戦したことからも可能性はゼロではないでしょう。

しかし、一応今のままの資本主義経済のシステムが維持されれば、再びどこかのタイミングで、株価は市場最高値を更新してくると思います。ただ、コロナ・ショック前の市場最高値(およそ3万ドル)が実体経済に対してあまりにも上振れしていましたので、結構時間はかかるかもしれません。

溢れる緩和マネーと積み上がる債務は克服できるか

実体経済から上振れした株価というのは、金融緩和マネーが大量に溢れかえる中で実現してきました。

さらにいうと、今回のコロナ・ショックで債務が積み上がっています。これは政府の債務だけではなく、後で述べるように、学生ローンなどの借金も積み上がっているわけで、そこまで債務が膨れ上がって大丈夫なのかということが、一般的に心配されています。

そこをどう考えればいいかをみていきたいと思います。GDP比でマネタリーベース

図1-11　米国のマネタリーベースと政府債務残高
～GDP比ではそこまで膨張していない～

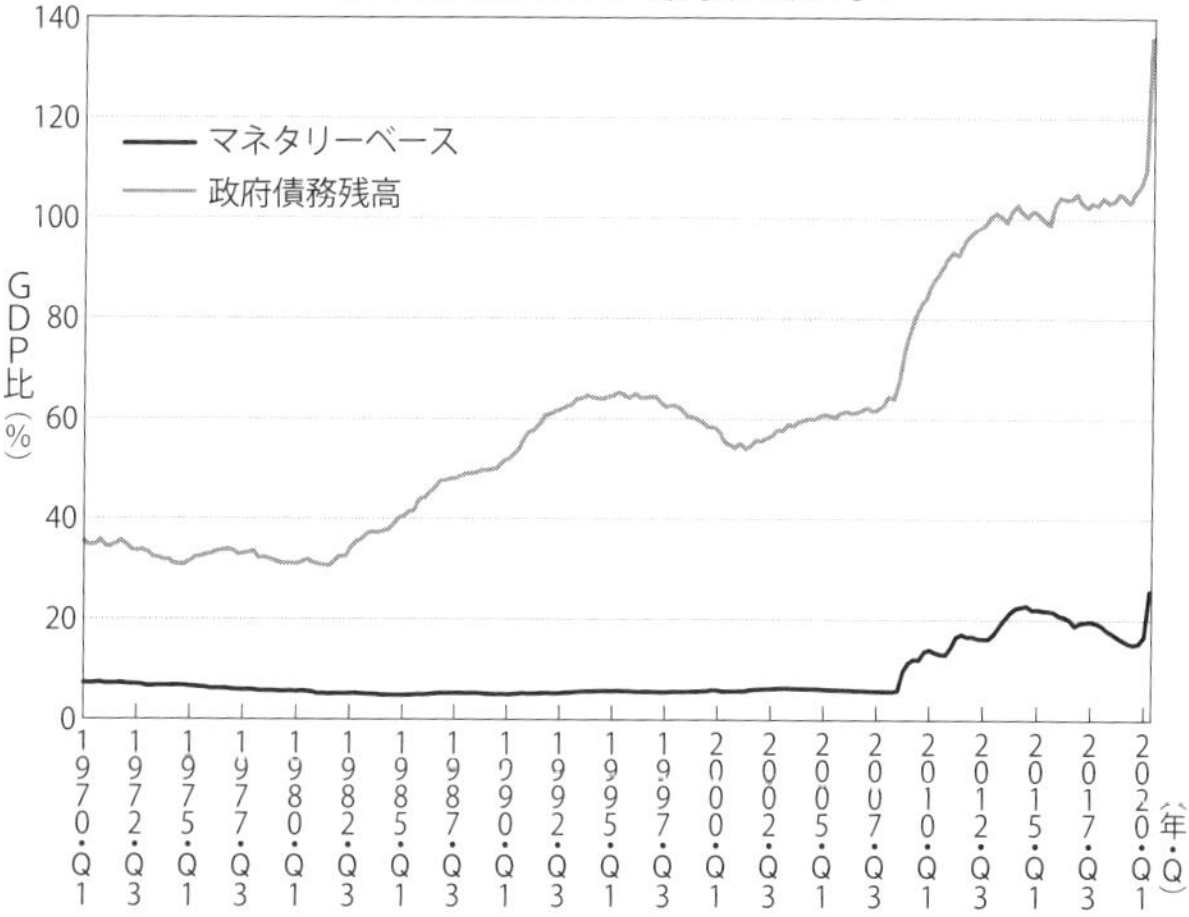

出所：FRB、米財務省　　Q1：4-6月　Q3：10-12月

（供給される通貨量）と政府債務残高を示したのが**図1-11**のグラフです。

政府債務残高は大きく拡大しています。ただリーマン・ショックの後に比べれば、拡大ペースは緩やかになってきたのがわかるでしょう。恐らくこの後、コロナ・ショックの影響でかなり上がると思います。緩和マネーについては、FRBが無制限緩和に舵を切っていますから、マネタリーベースでみると、コロナ・ショックによってリーマン・ショック以上に膨らんでいくでしょう。では、それで経済は大きく毀損することはないのでしょうか。

それが大丈夫なのかどうかは、実際、

その時がこなければわからないのですが、じつは最近、経済学の最先端の分野で、経済政策と政府債務、特に財政赤字についての考え方を見直す議論が盛り上がってきているのです。

それによれば、財政赤字は必ずしも悪いものではないということです。逆にいうと、むしろそこを警戒しすぎて日本のように〝too little, too late〟な政策をやっているとなかなか経済は戻らないのではないかという考え方です。

オリビエ・ブランシャールとローレンス・サマーズという世界的に有名な経済学者が、2019年にアメリカで出版した『Evolution or Revolution ?』（MIT Press、未邦訳）という本に次のようなことが書かれています。

> 最低でも（略）政策は、事前においても事後においてもより積極的になるとともに、金融、財政、金融規制政策のバランスを再調整する必要がある。低い中立金利は金融政策の対象範囲を狭める一方で、財政政策の対象範囲を広げる。このバランスの再調整を進化としよう。しかし、仮に中立金利がさらに低くなったり、金融規制が危機を防ぐには不十分であると明らかになった場合には、より大きな財政赤字、金融政策目

標の修正、もしくは金融制度に対するより厳しい規制といったさらに劇的な措置が必要となる可能性がある。これを革命としよう。いずれ明らかになるだろう。

（「経済学１０１」訳〔https://econ101.jp/〕）

これはコロナ・ショック前の言及ですが、いみじくもこのような環境になることを予測していたかのような一文ではないでしょうか。

「（経済）政策は、事前においても事後においてもより積極的になるとともに、金融、財政、金融規制政策のバランスを再調整する必要がある」ということです。経済を活性化、つまりてこ入れするには、金融政策と財政政策の二つがあります。

そのうち財政政策は、政府の借金を増やすし効率的に使われるとも限りません。そのうえ迅速に対応できませんので、金融政策をメインにやるべきだというのが、経済政策についてのこれまでの一般的な考え方でした。

さらに「低い中立金利は金融政策の対象範囲を狭める」とあります。中立金利というのは、その国の経済に対して緩和でも引き締めでもない中立的な金利水準のことです。これについてはアメリカよりも日本やヨーロッパがより深刻です。日本は財務省が財政緊縮的な考えですし、ヨーロッパもドイツが財政緊縮的な考え方で、財政はあまり出さずに金融緩和に依存し続けたわけです。だから結果的に、金融緩和の余地がなくなってしまったという見方もあります。

特に、日本やヨーロッパでは、経済に対して中立的な金利水準はすでに大幅なマイナスになっています。さらに金利をマイナスにしてしまうと年金運用や金融機関へのさまざまな副作用が出てきますので、金融緩和したくても余地が狭まっているということです。

そうなると、こうした状況では金融政策には限界があり、財政政策で中立金利をプラスにもっていかないと金融政策が十分に効きにくい。そのような状況になってきているため、この局面ではむしろ財政政策の重要性が高まっているという考え方に変えなければならないということなのです。

今回のコロナ・ショックでは、まさに財政政策が非常に重要であり、特にアメリカは迅速に大規模に行っています。最先端の経済学者が以前からいい始めてきていたことが、現実問題としていみじくも出てきてしまった構図です。

正直なところ、これもやってみないとわからないのですが、いずれにしても、この局面ではコロナ・ショックの克服を最優先して、金融緩和でも財政出動でもできることはやっ

図1-12　**低賃金・低インフレで金利低下**
～格差拡大も一因か～

出所：FRB、米労働省

て、とりあえず経済を立て直す。それが重要になってくると思います。

金融引き締めは当面できない

となると、金融引き締めをする環境になることは当面ないという話になってくるわけです。そもそも金融引き締めがしにくいというよりも、構造的に金融引き締めの必要性が下がってきている。そういう構造的な変化が出てきていると思います。

日本だけではなくアメリカもヨーロッパも、物価や賃金が上がりにくい構造になってきています。**図1-12**は、アメリカの物価と賃金と金利のデータです。P

ＣＥコアデフレーターというのは、ＦＲＢが最も注目しているアメリカの個人消費の物価指数です。これをみると明らかに下がっていることがわかります。

主な先進国ではインフレ目標２パーセントが掲げられていますが、これまで経済が好調だったアメリカでも２パーセントの目標を達成していないわけです。かつ、物価と表裏一体の関係にある長期金利も、過去に比べたら水準がかなり下がってきています。金利というのは当然、期待インフレ率や潜在成長率で決まってきますので、金利も下がってきているのです。

では、なぜ物価や賃金が上がりにくくなってきているのか。これも一般的には、経済のグローバル化やＩＴ化などが要因といわれています。

経済のグローバル化というのは、遡っていくと１９８９年12月の東西冷戦の終結がきっかけだと思います。東西冷戦の時というのは、資本主義経済の先進国と社会主義経済の新興国が分かれていました。しかし、東西冷戦が終結したことによって、社会主義の国がグローバルな経済市場に参入してきたわけです。そうなると何が起こるのか――。

必然的に安い労働力が入ってきますので、先進国の多くの生産拠点が外に出ていきます。そこではモノを安くつくることができますので、モノの値段が安くなります。さらにＩＴ

図1-13　労働需給見合いで上がりにくい賃金
～グローバル化、IT化～

出所：米労働省

化が進めば、マンパワーを必要とせずに供給力が上がります。これもやはり物価が上がりにくい要素になります。

「はじめに」の冒頭で、「経済というのは、基本的にヒトとモノとカネで動いています」と述べました。先進国だけ、資本主義経済だけで回っていた時代には、この三つの中でもヒトの重要性が高かったわけです。しかし、社会主義国が市場経済に参入してきたことによって、ヒトの重要度が低くなってきました。かつＭ＆Ａ（企業の合併や買収）などの動きやＩＴ化が進んでいく中で、マンパワーに対して重要度が下がってくれば、当然、賃金は上がりにくくなります。となると家計の購買力も下がってしまい、物価も金利も上がりにくいということになります。

それらをわかりやすく表したのが**図1－13**です。失業率と時間当たり賃金を示したもので、失業率は逆目盛りになっています。これはどういうことか――。

経済学的には、フィリップス曲線といわれているのですが、不完全雇用下では失業率と賃金・物価にはトレードオフの関係があります。一般的に失業率が下がる時、つまりこのグラフでいうと上にいく時というのは、労働需給が引き締まるので賃金が上がり、物価も上がるわけです。

ところがこのグラフをみると、先ほども述べたように、トランプ政権になってから失業率は50年ぶりの水準まで下がっていたにもかかわらず、過去と比べると時間当たり賃金は上がっていないのです。まさに、物価・賃金が上がりにくくなっているわけです。そうなるとインフレ目標までいきにくいため利上げがしにくくなり、長期金利も上がりにくいということになります。

アメリカを静かに苦しめる学生ローンの爆弾

そうした中で、最近アメリカで問題になっているのが、自動車ローンと学生ローンとク

図1-14　**米国の家計負債**
〜学生ローンの拡大目立つ〜

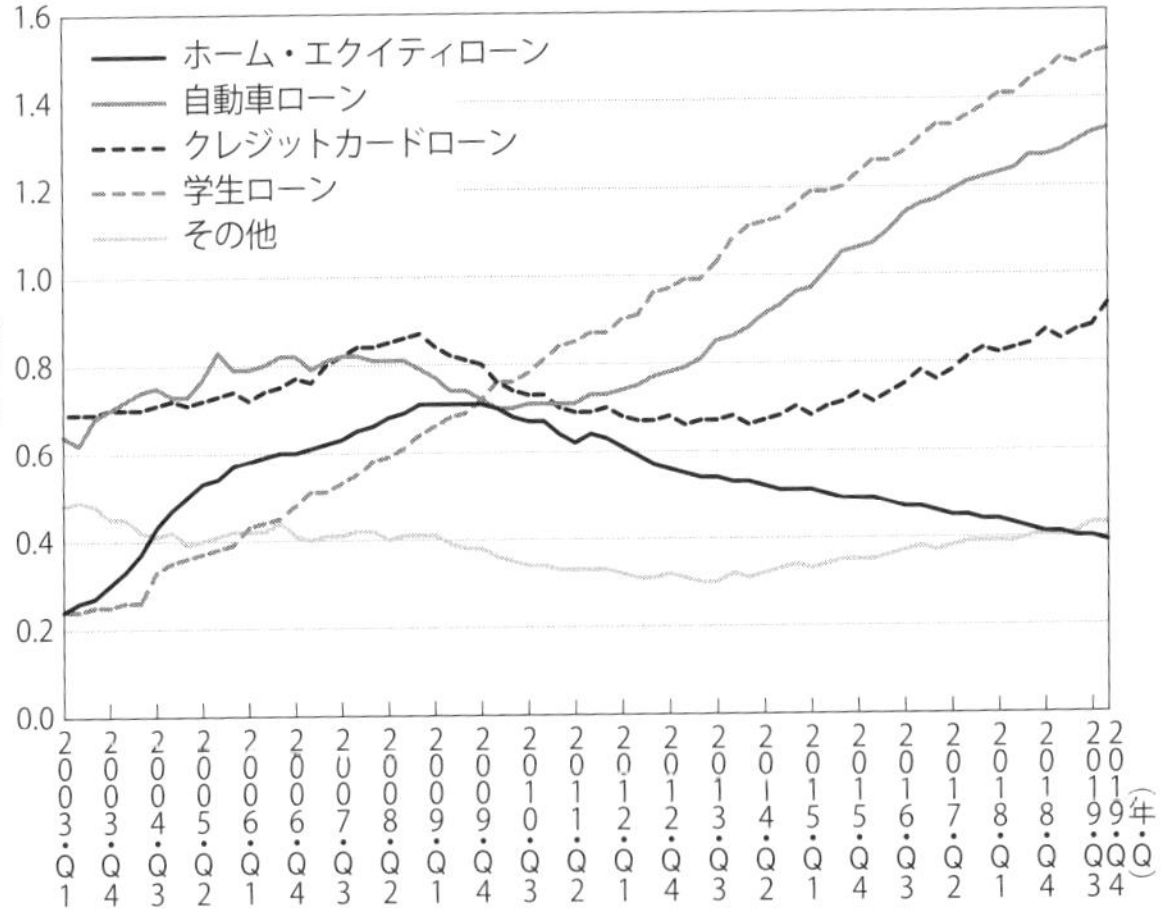

出所：ニューヨーク連邦準備銀行　Q1：4-6月　Q2：7-9月　Q3：10-12月　Q4：1-3月

レジットカードという三つのローンです。その中でも学生ローンの負債が大きく増えています（図1-14）。

アメリカの家計負債は、リーマン・ショックが起こった時にいったん最大になりました。その時は住宅ローンが最大の足かせになっていたわけです。その後は5年間にわたって減少していったのですが、2013年から再び増加に転じて、足元では過去最高に達しています。これもGDPベースで考えなくてはいけないことですが、学生ローンと自動車ローン、特に学生ローンの大幅な増加が目立っており、これが家計負債の全体を大きく押し上げてい

図1-15　米国の家計負債延滞率（90日以上）
～学生ローンの延滞目立つ～

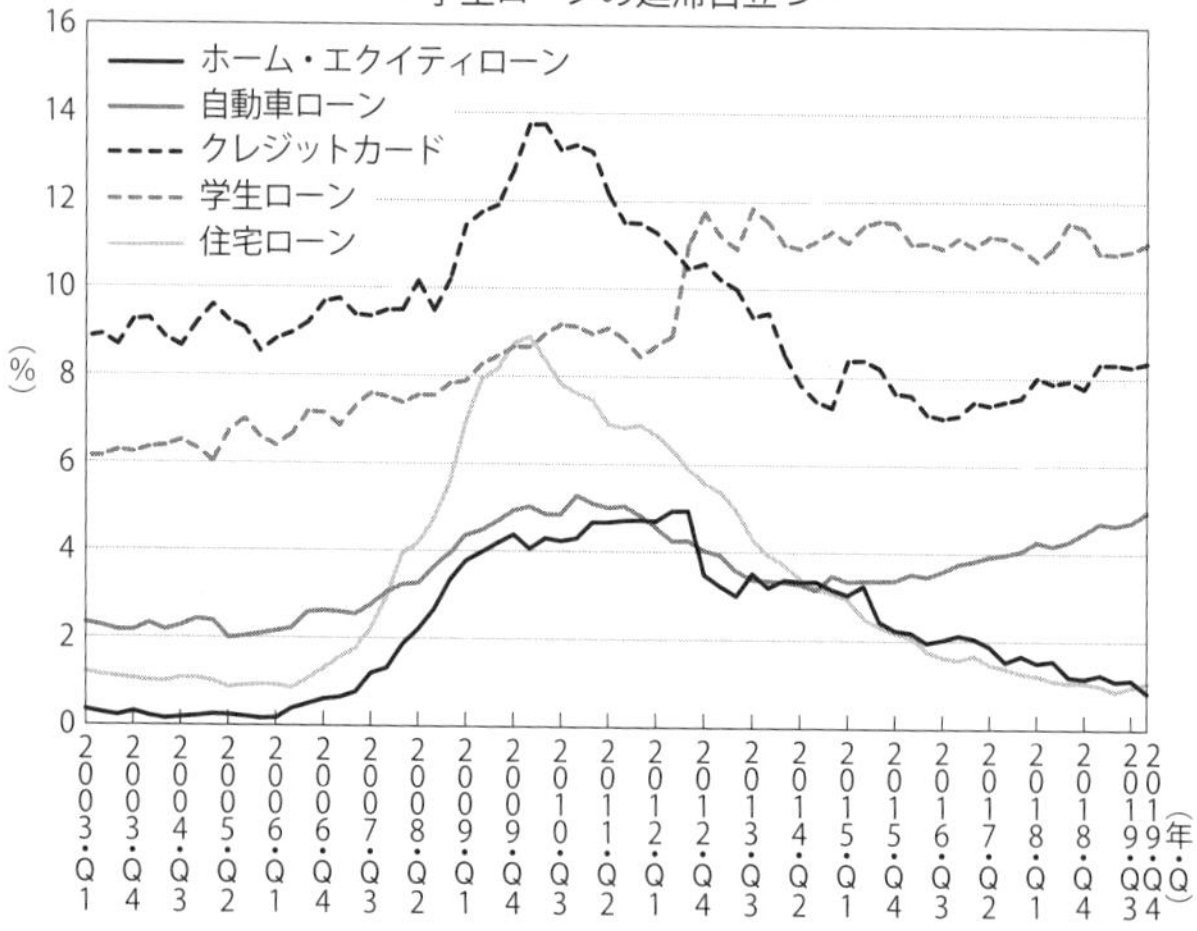

出所：ニューヨーク連邦準備銀行　Q1：4-6月　Q2：7-9月　Q3：10-12月　Q4：1-3月

るのです。

学生ローンが大きく家計の負債を圧迫している背景には、大学の学費が上がっていることがあります。

一部の優秀な経営者や優秀な人材に集中的にお金が集まることによって、一般の人たちはなかなか収入が上がりにくい状況になっているわけです。そのような状況なのに、なぜローンを組んでまで大学に行くのか――。

大学を卒業することで将来的に高収入の職に就くことを期待しているからです。それで、学生ローンでお金を借りてでも大学に進学する傾向が強いわけです。しかし、大学の費用が高騰するのに対して一般家計の所得は停滞していますので、学生ローンの返済が困難になり、負債の増加につながっているわけです。

自動車ローン等、その他のローンも問題ですが、図1-15をみてもわかるとおり、延滞率はそこまで高くありません。増えているのは学生ローンなのです。

ただし、学生ローンの場合、ほかのローンと違って政府から資金が供出されており、所得連動型返済プラン等、いろいろな救済策が打ち出されています。しかし、そういった中でも延滞率が拡大しているのです。そしてコロナ・ショックで、さらに失業が増え……。

ただアメリカ全体をマクロ経済全体で考えると、コロナ・ショックへの対応も迅速でしたし、人口動態等を含めても将来はそれほど悲観的な感じでもありません。ただし、中身を細かくみていくと、こういったかたちで格差が拡大しており、いろいろなところに歪みが出ているのだと思います。

広がる格差社会の先にはなにが

結局、アメリカの経済についていえば、格差が広がっているということが最大のポイントだと思います。これが今後どういった影響を及ぼし、どうなっていくのか。

図1-16　**米国の貯蓄投資差額(ISバランス)**
～格差拡大で家計の貯蓄超過拡大～

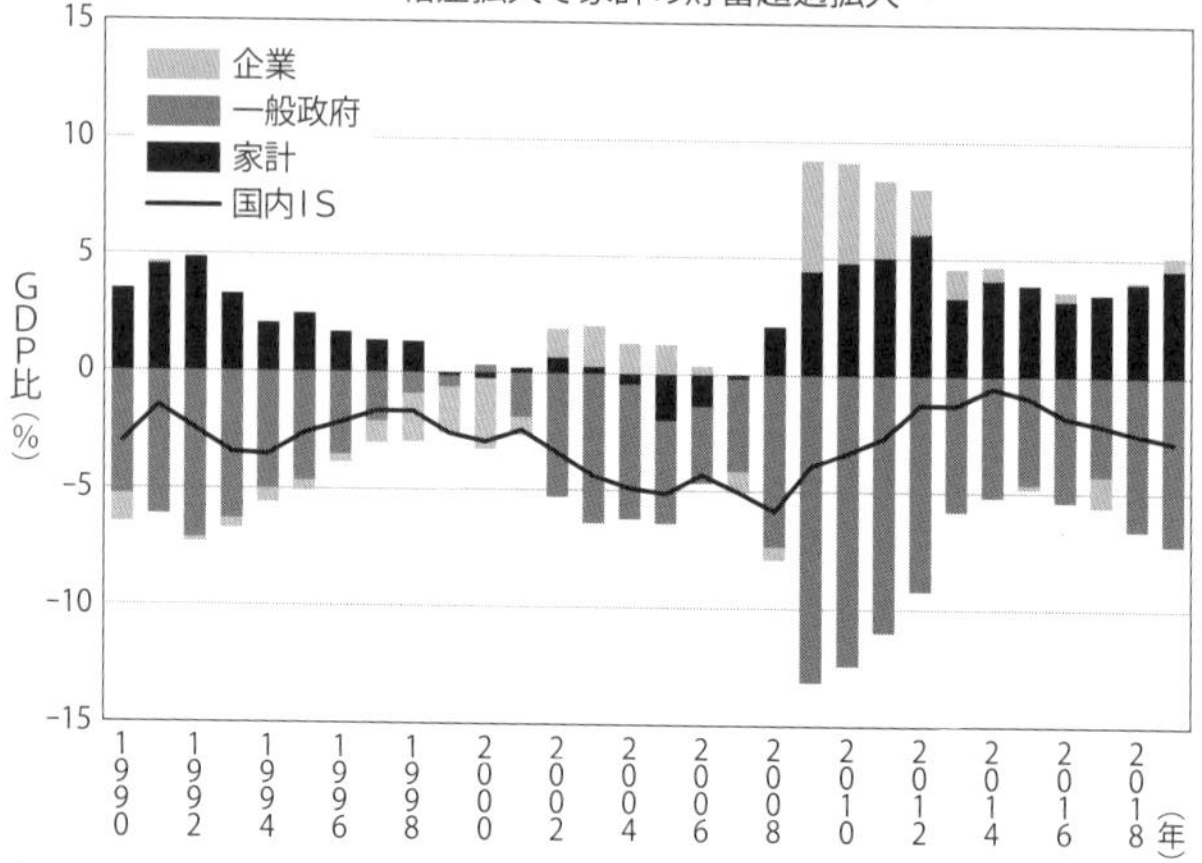

出所：FRB

　先にも金利が上がりにくくなっているという話をしましたが、これには格差の拡大が影響している可能性もあるのです。**図1-16**はアメリカの貯蓄投資差額（ISバランス）、つまりアメリカ全体でどれだけ資金の過不足があるのかというグラフです。

　一国の経済主体には、家計、企業、政府の3つがあります。このグラフをみてもわかるとおり、アメリカは財政赤字が拡大していますので、全体でみるとマイナスです。つまり投資超過でお金が足りていないという状況なのですが、そんな中でもリーマン・ショック以降は、家計がかなりの貯蓄超過になっていることがわかります。

なぜ増えているかというと、要は、富が偏在しているからです。仮にお金が万遍なく行き渡っていれば、ローンが返済できずに延滞するなんて、あり得ないわけです。つまり、これは富が偏在しているということであり、一部の富裕層にお金がたくさん集まっているということです。

貧困層の場合は、収入のうち、生活を維持するために使うお金の割合が非常に高いわけです。つまり、消費性向が高いということです。一方、すでにお金をたくさん持っている人の場合は、お金が入っても貯蓄に回って消費されない。そういう傾向が、国全体でみてとれます。そうなるとなにが起こるか——。

富が偏在すると、余るお金が増えてきます。金利というのはお金の需給で決まってきますので、家計のお金がたくさん余っていることにより金利が上がりにくくなる。金利が上がりにくくなると、証券市場や不動産市場といったところにはプラスに働きます。そういったところは、まさに資本主義経済の根底にありますので、富める者はより富むというメカニズムになっているわけです。したがって、格差がより広がっていくということになるのです。

図1-17　米国の長期金利と名目経済成長率
～資金需給で決まる長期金利を押し下げ～

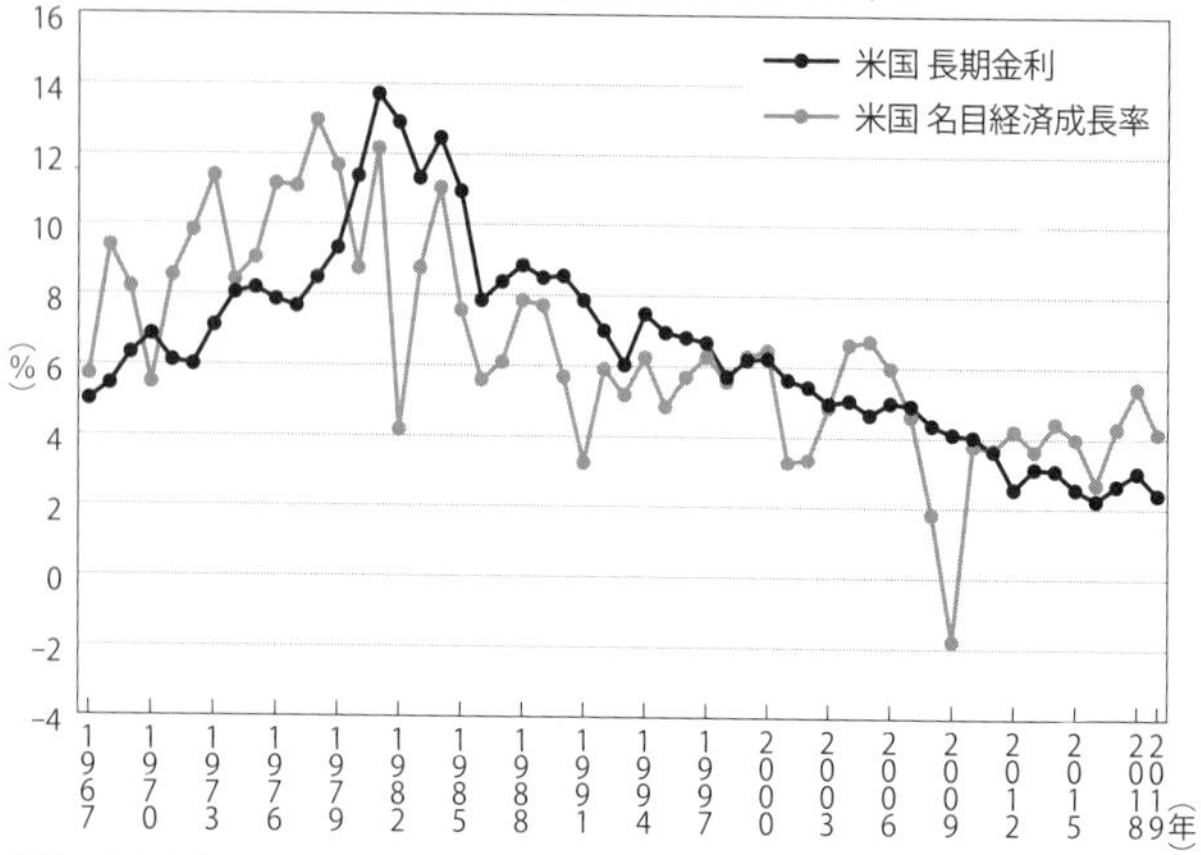

出所：米商務省、FRB

　図1-17は、アメリカの長期金利と名目経済成長率を表したものです。

　経済理論的に述べると、完全雇用に達すれば、長期金利と名目経済成長率の水準はそれほど変わらなくなるのが普通です。しかし近年、このグラフからは名目経済成長率に対して長期金利が低いのがわかると思います。

　では、この状況がこのまま続いたらどうなるか。アメリカの行き過ぎた資本主義が是正される可能性も、全くないわけではないと思います。

　というのは、先にも簡潔に述べましたが、今回の大統領選で民主党の候補者はバイデンに一本化されましたが、最後まで善戦したバーニー・サンダース上院議員や、その前に撤退したエリザベス・ウォーレン上院議員など、いわゆる社会主義的な思想をもった候補者が躍進しました。

これはつまり、アメリカ社会の中で格差に対する反発心や、うねりがかなり大きくなってきているということです。格差社会がさらに深刻化すれば、4年先の次の大統領選ではそういった候補者が大統領になる可能性も否定できません。

彼らがなぜ人気があったのかというと、再分配の促進や市場ルールの徹底などについて、特にウォーレン氏はかなり具体的な政策を出していたからです。具体的には、富裕層の資産に対する課税、上位1パーセントの高所得者への所得増税、法人増税などを財源にした医療保険制度の国民皆保険化、学生ローンの返済免除などです。サンダース氏も公立大学の学費無料化や子育て支援など似たようなことをいっていましたので、学生から人気がありました。

ですから次は、彼らと似たような志向の候補者が躍進して大統領に就任する可能性があります。そうなると、経済はどうなるか。中低所得者に所得が再分配されれば消費に回るというプラスの側面ももちろんありますが、金融市場や資本主義経済の側面から考えると、やはり増税やアンチビジネス政策（規制の厳格化）などが景気や株式市場の大きな下振れリスクになると思います。

ある意味で、格差縮小と経済成長とでトレードオフになる側面もありますので、そこが少し修正される可能性があるということです。

社会主義化ということになると、極論すれば通商政策の否定ということになります。グローバル化の逆方向です。今回のコロナ・ショックもそういう方向に進んで分断になる可能性を秘めていると思います。

そうなると、今後はマイノリティや社会的弱者からの支持をさらに優先する大統領選挙になるかもしれません。

第2章

「一帯一路」構想はどうなるのか

コロナ・ショックからいち早く回復した中国

コロナ・ショックの震源地になった中国は、経済も最初に悪くなりましたが、回復も最速でした。その背景として、確かに最初に感染が広がったのですが、2020年の初め頃から武漢を中心に都市封鎖を行って新型コロナウイルスを封じ込めたことがあります。その分、短期的には大変な痛みを伴ったのですが、いち早く新型コロナウイルスの抑え込みができたのです。

そのことが、実際にマーケットにも大きく反映されています。**図2-1**は、アメリカと中国と日本の代表的な株価指数の動きをみたものです。中国の上海A総合は、日本やアメリカに比べて株価の落ち込みが限定的であることがわかります。これはやはり、社会主義市場経済の強みの表れとみてよいでしょう。

また中国が都市封鎖をした時点でも、それほど落ちてはいません。となると、マーケットに最も大きく反映されたのは何だったのでしょうか。

当初、新型コロナウイルスの影響は中国や東アジアにとどまるのではないかと思われていました。世界経済への影響は限定的だという見方だったのです。マーケットが急激に影

図2-1　震源地の中国株が最も堅調
～政策効果への期待～

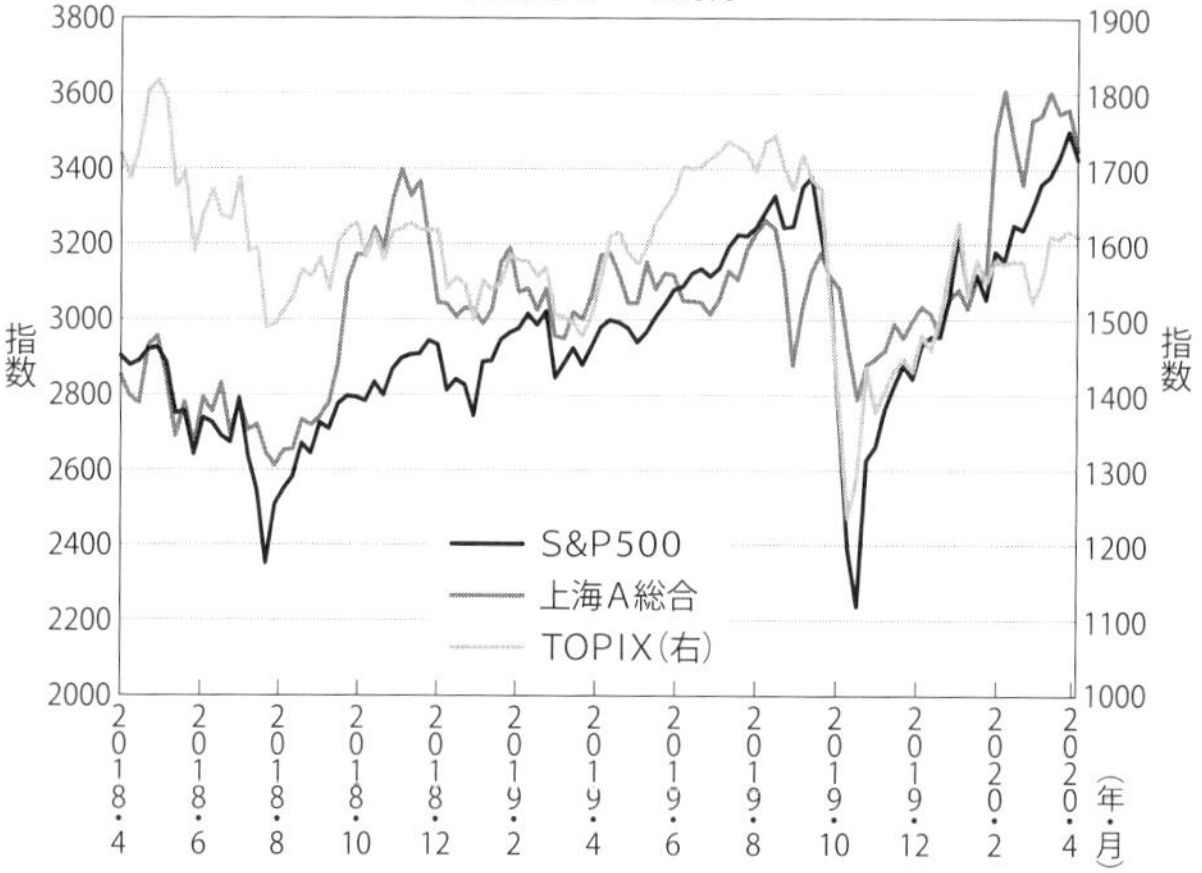

出所：トムソンロイター

響を織り込んだきっかけは、欧米諸国への感染の広がりでした。一方、その頃の中国は、強烈な都市封鎖をやったことによって新型コロナウイルスの感染収束の兆しがみえていたタイミングでした。

それに加えて、中国当局が株を買い支えたともいわれています。それで、下げはしたものの、落ち込みは限定的でした。それを実体経済でみたものが**図2-2**です。

これは中国PMI（購買担当者景気指数）のデータで、財新（中国の経済メディア）と国家統計局の2種類があります。財新のほうは民間の中小企業を中心に調べたものであり、国家統計局のほうは大

図2-2　中国PMI
～2月は過去最低水準～

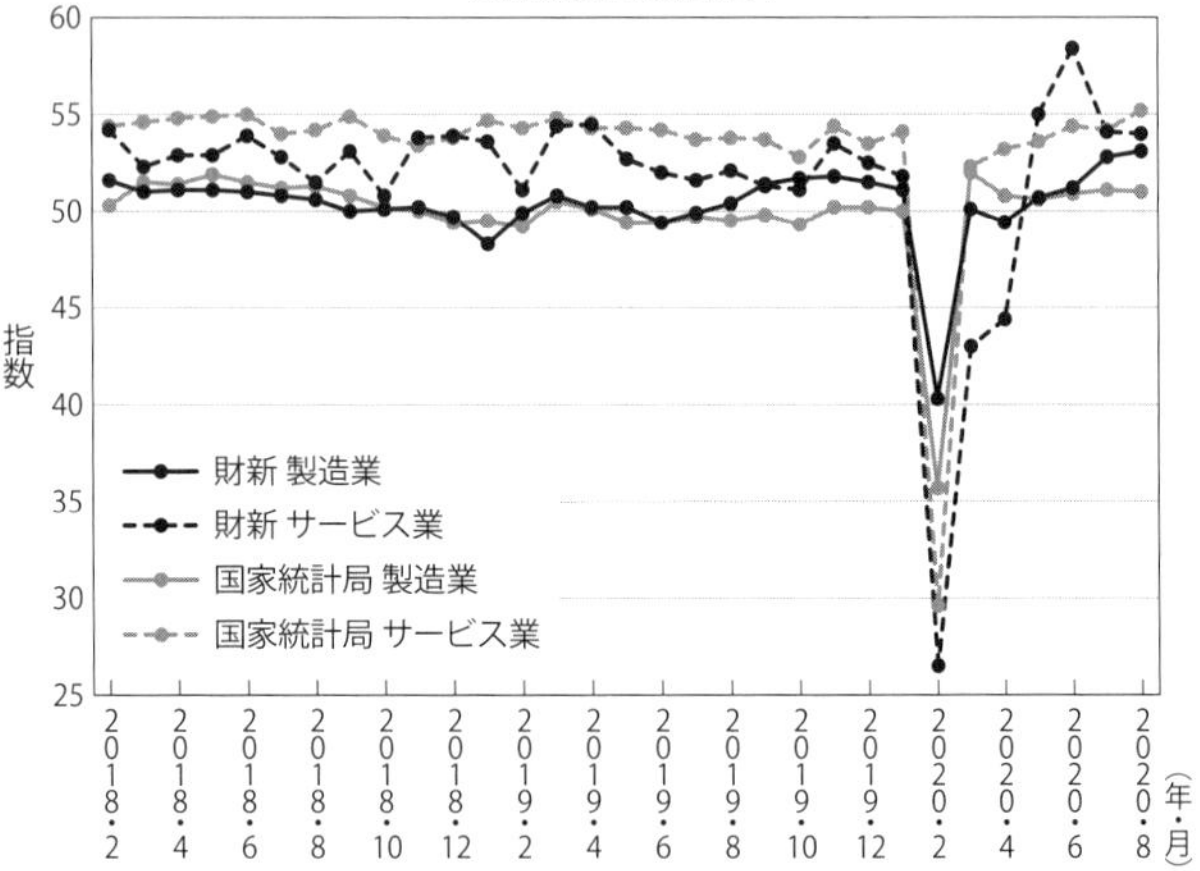

出所：国家統計局、財新

企業の国営企業を中心に調べたものという違いはありますが、いずれも動きは似ています。

やはり都市封鎖をしたことでヒト・モノの動きを抑えましたので、製造業もサービス業もともに落ちました。その中でも、より大きな影響が出たのはサービス業でした。

実際、中国の1-3月期のGDPもマイナスになりました。しかし3月時点では、すでに最悪期を脱して大きく戻ってきています。拡大・縮小の分岐点はPMI（景気指数）が50ですので、製造業で50を超えているということは、元に戻ったようにもみえます。

しかし、これは拡大に転じたことを示すだけで、まだ水準が元に戻ったとはいえません。ただ、やはり先ほども述べたように社会主義市場経済の強みはありました。リーマン・ショックの時もそうでしたが、当局がいえば、何でもできてしまうという強みが指数に表れたといえるでしょう。

こういった危機的な状況の場合には、社会主義のほうが対応は早いわけです。そういう部分が、リーマン・ショックの時に続いて明るみに出たという状況だと思います。

日米欧のPMIは、直近の4月のデータが一番悪くなっています。つまり、中国は2月が最悪でしたが、世界的にみた場合は、欧米を中心にロックダウンしたタイミングである4月が恐らく最悪でしょう。5月になってから少しずつ活動が再開し始めましたので、震源地の中国に比べて世界経済のボトムは2か月くらい遅れているということです。

崩壊したサプライチェーンではあるが

中国が震源地となったコロナ・ショックで改めて露呈した問題は、サプライチェーンに対する影響の大きさでしょう。

中国がどれほど世界のサプライチェーンの重要な位置づけになっているか、あるいはな

図2-3　中国が輸出する工業製品に含まれる付加価値構成（2015年）

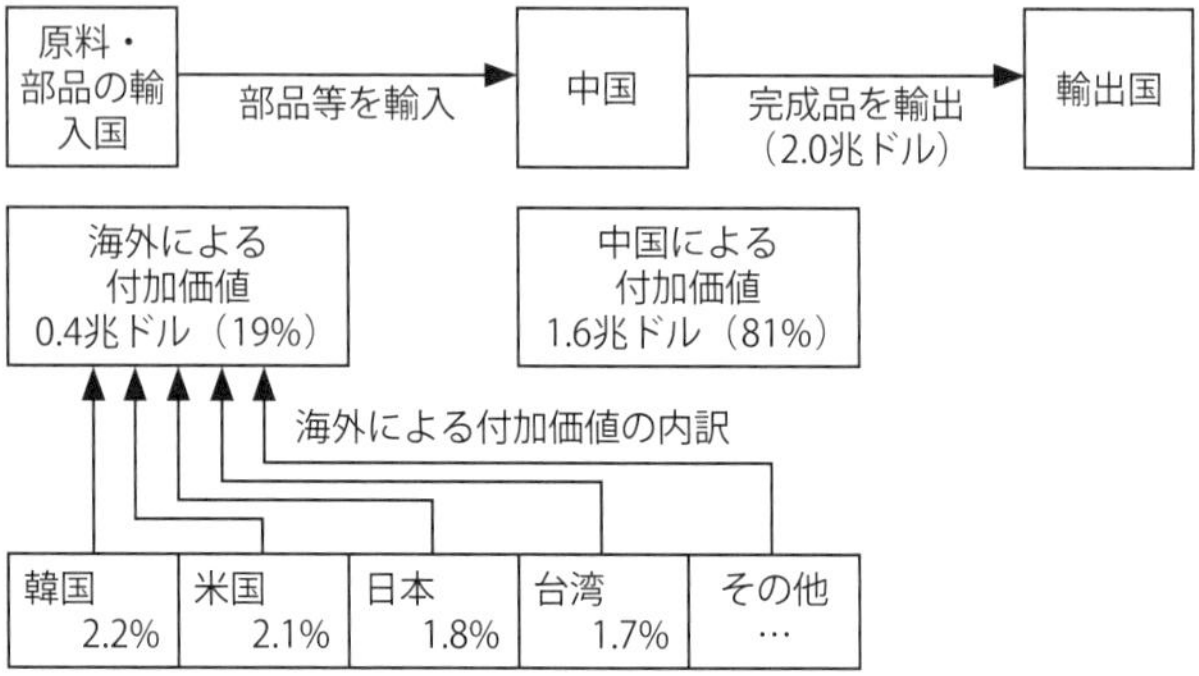

出所：内閣府「日本経済2018-2019」

っていたか。それを端的に表したのが図2-3です。内閣府の「日本経済2018-2019」にある「中国が輸出する工業製品に含まれる付加価値構成」のデータです。

2015年段階のデータですので、ひと昔前というほどではありませんが、中国はまだ世界の工場的な位置づけになっています。つまり、原料・部品を海外から輸入し、それを完成品にして世界に大量に輸出している。その額が2兆ドルです。

2兆ドルの内訳をみますと、「海外による付加価値」の分が0・4兆ドル、「中国による付加価値」の分が1・6兆ドルとなっています。中国で付けられた付加価値が8割以上ですからやはり大きいわけです。さらに海外で付けられた付加価値も2割近くあり、かなり依存しているといえます。

その供給元の中で最も多いのが韓国です。これは恐らく電子部品系が中心だと思います。続いてアメリカ、日本、台湾、その他となっています。

中国は0・4兆ドルで輸入した原料・部品を、1・6兆ドルの付加価値を付けて輸出しているのです。このため、今回のように都市封鎖のようなかたちで中国での生産活動が止まってしまうと、世界の製造活動、経済活動に影響が及ぶことになります。

マスクの供給などはその最《さい》たるものだったのかもしれません。やはり日本も、中国ばかりに頼っていられないということで、一部の生産拠点を国内に戻すような経済対策に予算が盛り込まれたりしています。今後、マスクのように「ウィズ・コロナ」の中で必需品となるようなものは、高くなっても国内回帰が進むでしょう。

では、そもそもなぜこんなに中国に頼ってきたのか。逆にいうと、中国に頼らずに、本当に国内だけですべてが賄えるのかというと、じつはそんなに簡単な話ではありません。

これは、アメリカのスマートフォン製品のことを考えるとよくわかります。アメリカのスマートフォンは、もう殆ど中国で作っています。ですので今回のコロナ・ショックが起きる前から、それこそトランプ大統領がアメリカファーストということで「スマートフォンの生産を国内化しろ」といったこともありました。

しかし、それは簡単にできません。なぜできないか——。先にも述べましたが、非常に技術力が高い精密機器に関する製品は、一定レベル以上のスキルを持った技術者を一定以上の人数分確保できないと難しいからです。安さだけを追求すれば、中国より人件費の安い東南アジア等でもいいはずなのに、今のところ中国でしかできないので、そう簡単に中国から動かせないわけです。

あと5年か10年経てば、インドなどで可能になるかもしれません。そこまで高付加価値ではないものは、すでに東南アジアなどで作ったりしていますが——。

では、部品の種類が多くて裾野が広い自動車はどうでしょうか。一時期までは大きな依存をしていましたが、今は、それほどでもありません。

中国で作っているクルマは主に中国国内向けです。クルマというのはやはり大きいので輸送コストもかかりますし、電子製品ほど中国への依存度は高くありません。それに、アメリカで売るような日本車は、アメリカ国内やメキシコで作られていますので、サプライチェーンの影響は電子部品ほど大きくはありませんでした。

中国への依存度が高いのは、やはりＩＴ関連製品、情報通信関連製品です。事実、アメリカで使われているスマホやパソコンの約7割が中国製です。

第1章でも述べたように、トランプ大統領が追加関税をかけた時も、パソコンやスマホが対象の第四弾Bは結局やりませんでした。この部分に追加関税をかけると、その負担がそのまま消費者にいってしまうのでやらなかったわけです。

これからは5Gの時代です。5Gもアメリカより中国のほうが進んでいます。アメリカは安全保障面も含めてそれが気に食わないということで、中国を叩いてハイテクの覇権争いをやっているわけです。しかし中国はそうした情報関連の分野は進んでいますので、そこを分散させるのはなかなか難しいでしょう。

むしろ、今回のコロナ・ショックで中国の重要性というものが改めて浮き彫りになりました。そういう意味で、中国経済にとって情報関連分野の製造活動が急に危機的な状況になるかというと、そんなことはないでしょう。そういった意味では中国はまだ強みを持っているといえるかもしれません。

過剰債務に潜むリスクとは

しかし、中国には別のリスクがあります。コロナ・ショック以前から過剰債務のリスクを抱えていました。中国もこのリスクについては認識していましたので、これまでも債務

図2-4　中国の経済主体別債務残高／GDP
～企業中心に高止まり～

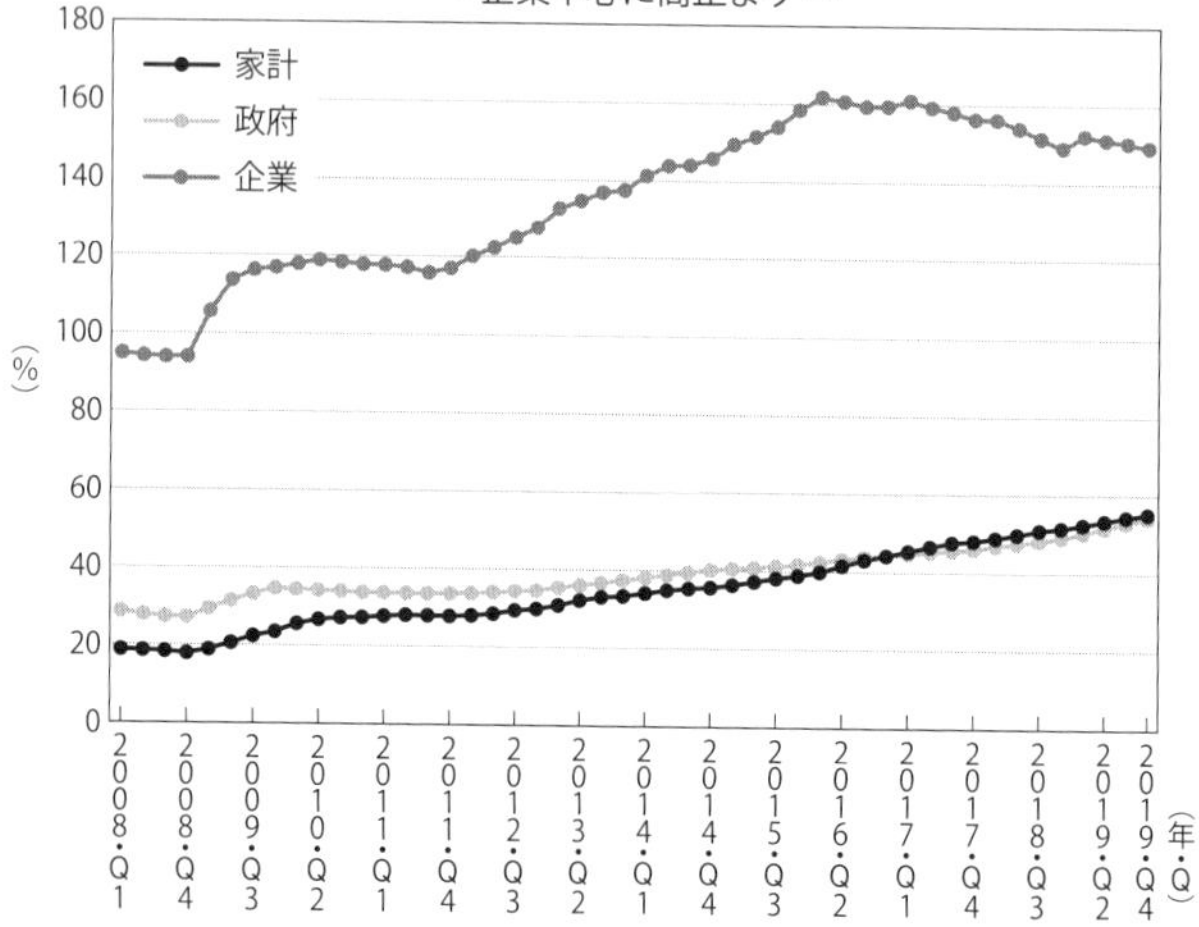

出所：BIS　　Q1：4-6月　Q2：7-9月　Q3：10-12月　Q4：1-3月

削減の取り組みを進めてきました。

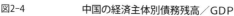

たとえば2018年には、規制強化でシャドーバンク（銀行を介さない高利の金融商品などを扱う高利貸し）の急速な引き締めをやりましたが、景気が下押しされてしまいました。結局、**図2-4**をみてもわかるとおり、企業を中心に債務残高は高止まりしているのです。企業はGDP比でまだ150パーセント程度もあります。

政府でも家計でも多少は増えていますが、企業の増え方はそれと比較になりません。2008年秋のリーマン・ショックの時に、いったん景気対策を行ったため、減速しながらでもいちおう経済は成長していましたので、資金調達は旺盛でした。それで債務が増えたわけです。ただ、しばらくするとシャドーバンクの問題が出てきたことで引き締めをやったため、いったんGDP比は、特に企業のところでピークアウトしました。

一方、今回のコロナ・ショックで景気が悪くなりましたので、中国は当然、資金繰り支援等の対策を行っています。そうなると、また債務残高が大きく増えることになります。景気の安定ということを考えると、債務が膨張すれば足を引っ張る要素にもなりますので、アフター・コロナのリスクとして、引き続き過剰債務問題が怖いということなのです。場合によっては、中国企業の倒産がかなり増える可能性もあるでしょう。

経済に過熱感が出てくれば、当然、引き締めなければいけなくなります。そうなると債務が膨張している企業等の倒産が増え、経済社会の混乱を招きやすいということになります。ただ、今みたいな状況ですと、世界恐慌以来の不況ですから、なかなか景気は元には戻らないでしょう。となると、逆に大規模な景気対策で債務が膨張する可能性のほうが高くなりますから、アフター・コロナは過剰債務問題が悪化するのではないかということです。

図2-5は、コロナ・ショック前までの商業銀行の不良債権比率です。全体は横ばいに

図2-5　中国の商業銀行の不良債権比率
～都市商業銀行で上昇～

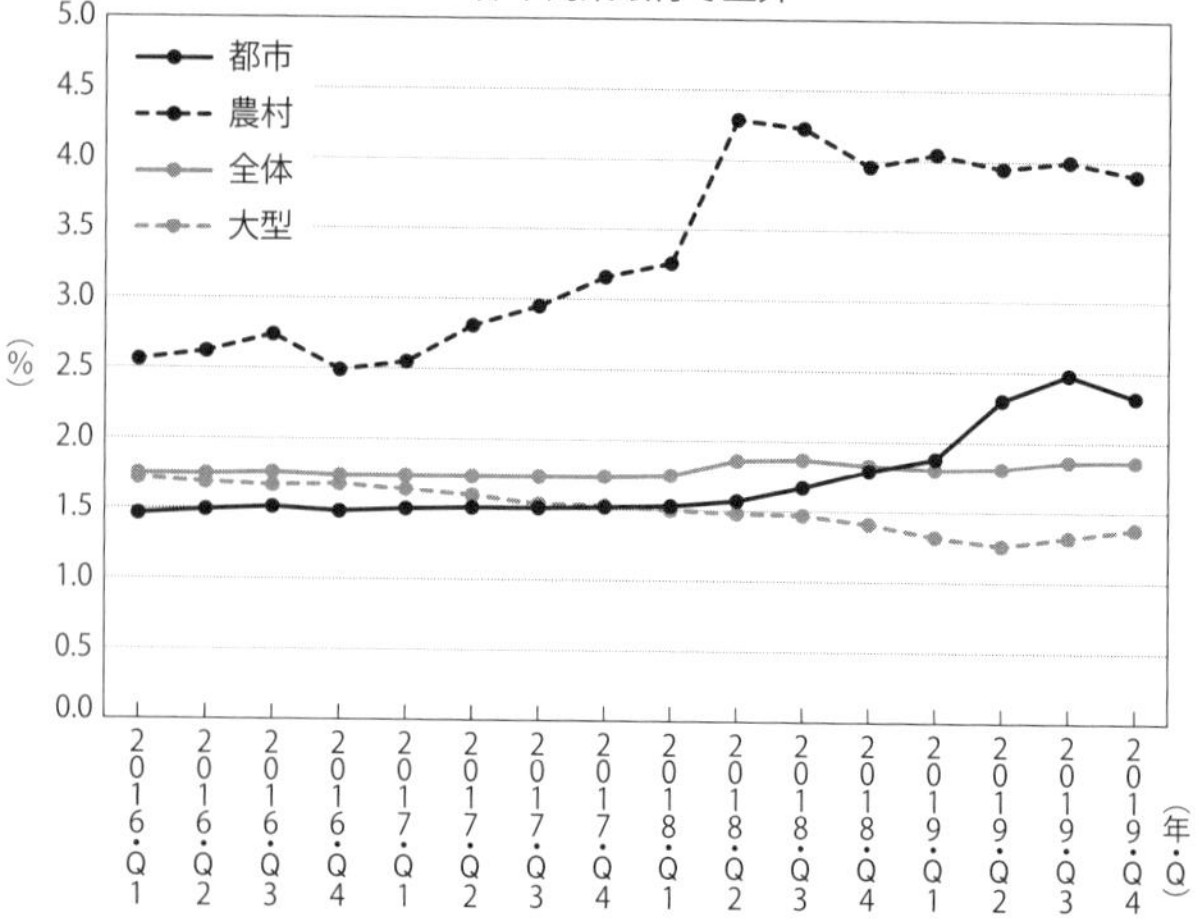

出所：中国銀行保険監督管理委員会　Q1：4-6月　Q2：7-9月　Q3：10-12月　Q4：1-3月

なっていますが、２０１９年あたりから中小企業向けの貸し出しが多いのが都市商業銀行です。ここで上昇が目立っている上に、足元ではコロナ・ショック後は不良債権が顕在化している可能性があります。支えている間はいいのですが、規制を強化した時、巻き戻しが起こった時にリスクがあるということは意識しておいたほうがよいでしょう。

内需は好調でも産業構造の変化で経済は停滞する

中国は中長期的な面でも問題を抱えています。**図２-６**は就業者数の、**図**

図2-6　中国の就業者数の産業別シェア
～第三次産業上昇～

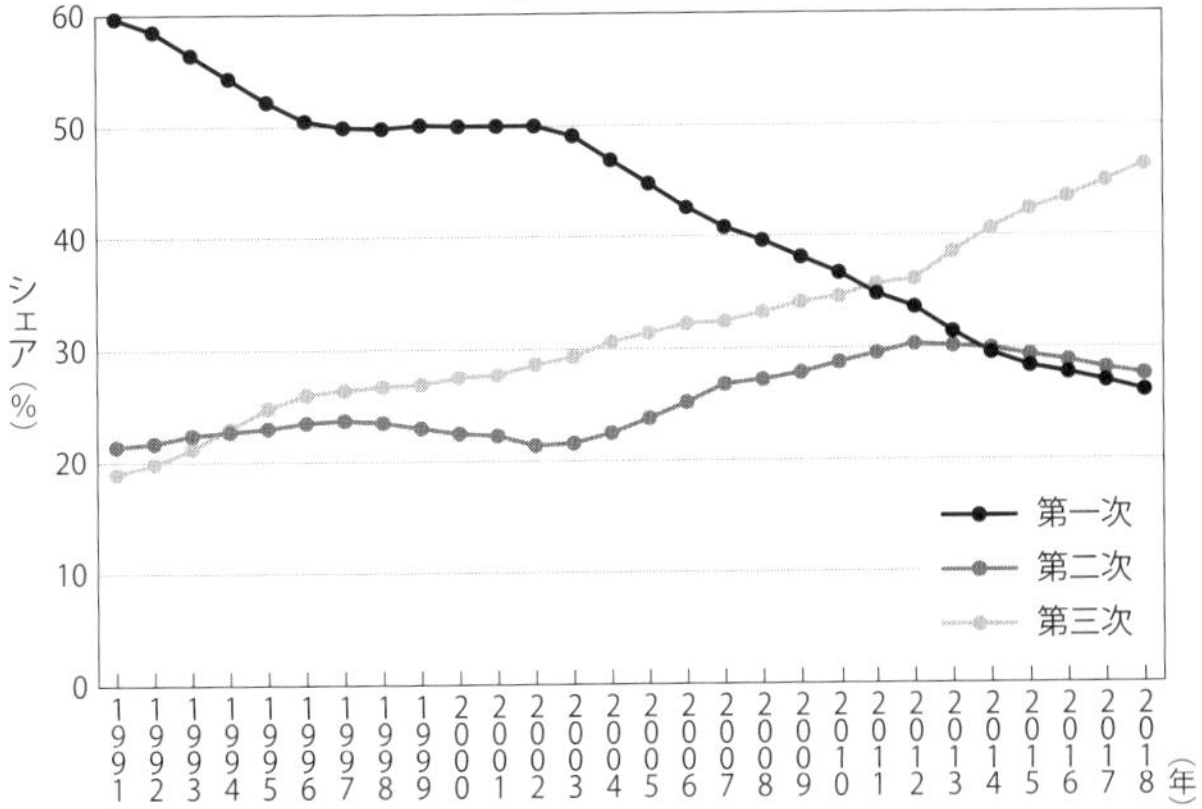

出所：中国国家統計局

図2-7　中国の名目GDPの産業別シェア
～依然高い第二次産業～

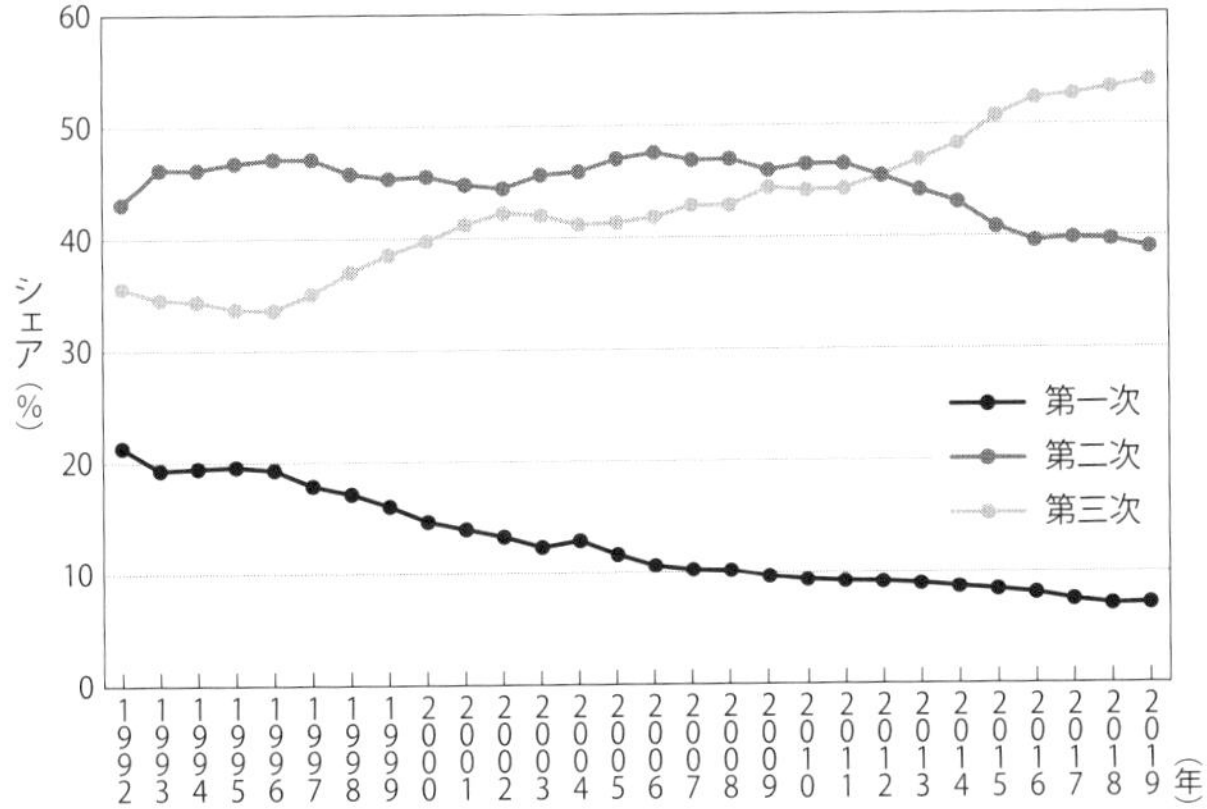

出所：中国国家統計局

2-7はGDPの産業別シェア、つまり第一次（農業・漁業など）、第二次（製造業・建設業など）、第三次（サービス業など）産業のシェアを表したグラフです。

今、中国は産業構造の転換期、高度成長から安定成長への移行期にあります。そういう中で、コロナ・ショックからの持ち直しのために景気をふかしますので、いったんは戻ると思いますが、中長期でみた場合には経済の停滞は避けられないでしょう。

実際、中国の経済成長率は、2000年代は10パーセントを超えていましたが、コロナ・ショックの前までに6パーセント程度にまで低下していました。その背景には産業構造の変化があります。

図2-6をみると、第一次産業は一貫して減っています。最も生産性が高い第二次産業は2000年代に伸びが高まって高成長でしたが、2010年代に頭打ちになり、代わって第三次産業が伸びを高めています。

これは高度成長から安定成長へということで、どこの先進国でも経験する自明の変化です。名目GDPの産業別シェアをみても、第一次産業は就業者が減って一貫して低下傾向にありますが、第三次産業は就業者数の増加とともに上昇基調になっています。

この二つのグラフを比較すると、第二次産業の労働生産性がほかの産業に比べて高いことがわかります。どういうことかというと、第二次産業は就業者数のシェアに対してGDPのシェアのほうが高くなっているのです。労働生産性というのは就業者一人当たりのGDPです。このため、第二次産業は生産性が高いということになるわけです。

一方、第三次産業というのはいわゆるサービス産業です。スマートフォンでも自動車でも、作るほうは第二次産業です。第三次産業は情報サービス業や通信等を全て含みます。つまり、第一次産業は農林・水産業、第二次産業が建設業と製造業、それ以外は全て第三次産業ということです。

第三次産業は、右肩上がりで産業別シェアも上がってきていますが、成長率の限界を迎えつつあります。しかし、これは仕方がありません。また第二次産業というのは、先にも述べたとおり、人件費が安いところにその多くが流れてしまうのです。そういう中でも、アメリカは成長を維持しています。なぜなら、移民の影響などもあって人口が増えているからです。人口動態の要因も大きいわけです。

ちなみに、先のグラフの労働生産性等の産業構造の変化を勘案すると、恐らく２０３０年までに中国の潜在成長率は４パーセント台程度まで下がるのではないかと思います。４パーセントというのは、それでも高い数字ですが――。

恐らくその頃、中国は世界のＧＤＰの３割近くを占めると思います。日本はかなり厳しい状況に置かれるでしょう。コロナ・ショック前の潜在成長率が、中国６パーセント、アメリカ２パーセント、日本１パーセントぐらいでしたから……。

人口構造をみても経済成長の鈍化は避けられない

そういうわけで、これからは人口動態もかなり重要になってくるのですが、じつは中国はその面でも課題を抱えています。少子高齢化が進みつつあるということです。

具体的には、**図２-８**にみるように１９８８年以降出生率がかなり下がりました。**図２-９**の棒グラフの真ん中は生産年齢（15歳から64歳）人口で、ここが増えると経済成長は高まりやすく、減れば経済成長も低下しやすくなるということになります。

生産年齢人口比率の折れ線をみると、２０１０年頃をピークに下がってきています。中国当局もこれには危機感を持ち、２０１３年に、夫婦のいずれかが一人っ子である場合には、子供を二人まで認めるという緩和策を実施しました。さらに16年には一人っ子政策を廃止し、すべての夫婦に二人目の子供を持つことを認めました。

図２-８にあるとおり、それによって出生率はいったん持ち直したかにみえましたが、

図2-8

中国の出生率

～一人っ子政策廃止後も過去最低～

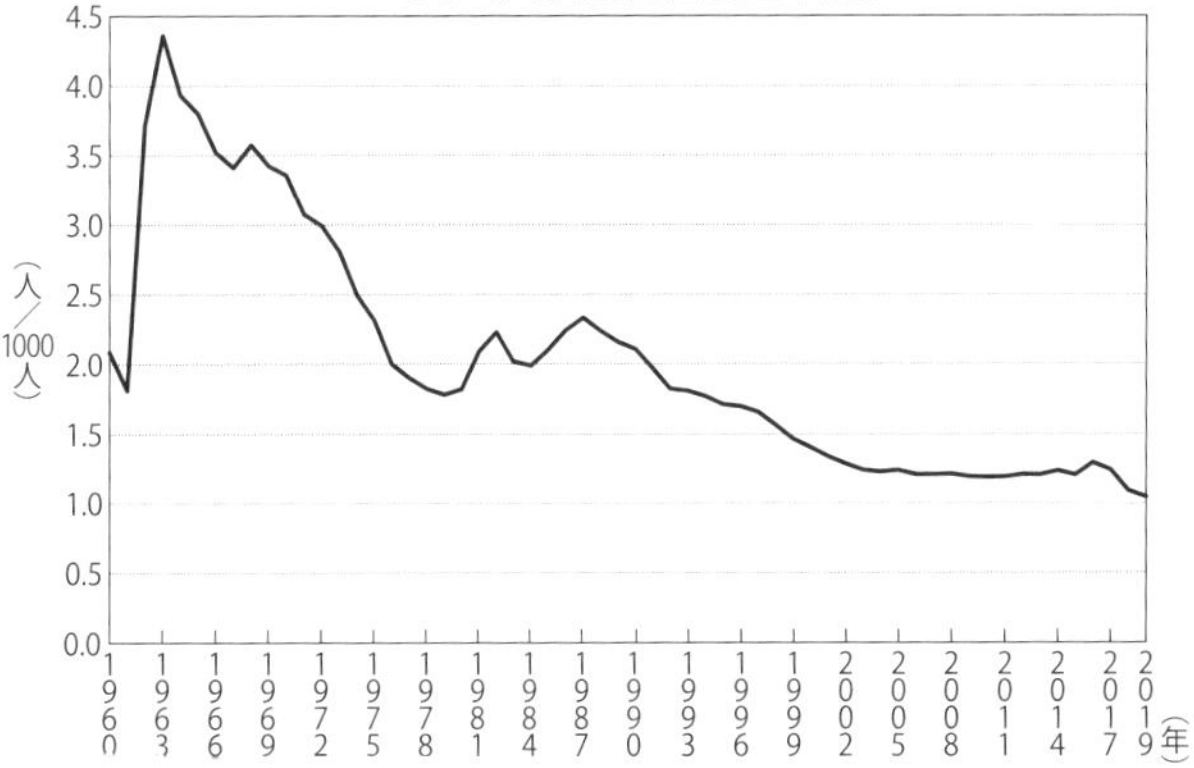

出所：中国国家統計局

図2-9

中国の生産年齢人口比率

～生産年齢人口ピークアウト～

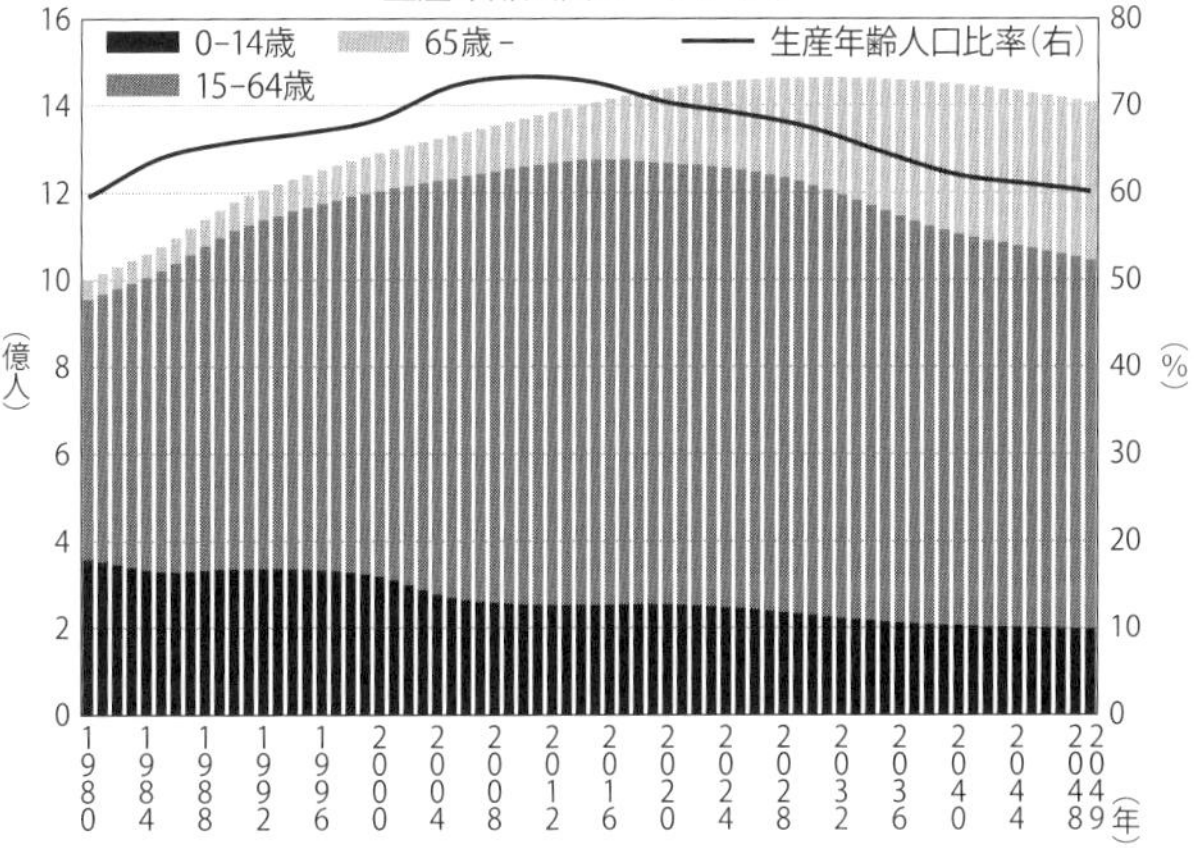

出所：国連

17年以降は急速に低下しており、直近は過去最低を更新しています。さらに生産年齢人口は、今後も減少が続いて2050年には60パーセントを下回るとされています。総人口も2030年初頭くらいをピークに減少に転じ、高齢化が急速に進展するということで、潜在成長の低下が将来的な課題になっているのです。

では、なぜ二人っ子政策をしたにもかかわらず、人口が増えていかないのか。中国は日本と同じように、教育費の負担が大きいために二人目がつくれない状況になっているようです。中国の場合、本当に優秀な子はアメリカに留学したりしますので、やはり教育にはお金がかかるということでしょう。

結局、リーマン・ショックやコロナ・ショックのような早急な危機対応ついては、一党独裁のメリットを生かしていち早く取り戻すことができましたが、中期的には過剰債務の問題、長期的には人口の問題などを抱えているということです。

「一帯一路」構想の見直しで世界の新秩序はどうなるか

これらの問題を克服するために、中国は「一帯一路」構想に目が向いています。これについても新型コロナウイルスの感染拡大によって状況が変わりそうではありますが、実は、中国の「一帯一路」にとって、コロナ・ショックがマイナスかプラス、どちらにはたらくかというと、かなり微妙なところだと思っています。

そもそも「一帯一路」構想というのは、これまでの中国の国内もしくは世界の工場としての経済成長の限界を克服するために、２０１４年に習主席が提唱したものでした。東南アジアからヨーロッパにかけての新興国に対してインフラ投資などの支援を行うことによって、国内の過剰債務を緩和し、かつ親中国の国を取り込みたいという目論見だったのです。

そして、この「一帯一路」構想と合わせてＡＩＩＢ（アジアインフラ投資銀行）を設立することによって、構造が変化する中でも、世界における中国のプレゼンスを上げる。そういう位置づけで「一帯一路」構想が立ち上がったわけです。

もちろん、これはグローバルに展開するという話なので、コロナ・ショックによって世界経済が深刻な打撃を受けている状況では、若干の軌道修正はあると思いますし、自国経済の立て直しを優先せざるを得ない面もあります。ただ、それでも中国は、これまでどおりの「一帯一路」構想を推し進めようとしているのです。

コロナ・ショック後を考えても、カンボジアのダム事業、ミャンマーの工業団地の開発、ラオスの太陽光発電事業の建設協力等については合意を推し進めています。つまり、コロナ・ショックのダメージは若干あったものの、強力に進めようとしている姿勢は変わりません。

このように、東南アジア中心の新事業をかなり発表しているのですが、だからといって、全てがうまくいっているわけではなく、実際は頓挫しているものも散見されます。新型コロナウイルスの猛威によって、世界各地で都市封鎖や移動制限等が行われましたので、工事に携わる人材や建材の確保に支障が出ていることが背景にあるようです。

中国にとって、国内の経済成長は限界にきていますので、コロナ・ショックにおける影響があったとしても「一帯一路」構想が中心になります。一方、コロナ・ショックで厳しい状況にある国は、支援してくれるなら藁にもすがりたいという思いもあるでしょう。その部分でつながっているのだと思います。

コロナ・ショック後には、「マスク外交」という言葉も出てきたとおり、自国が発端となったものに対して支援しているという動きもあるからこそ、「一帯一路」構想にとってコロナ・ショックがマイナスかどうかは、微妙なところなのです。

IMFの2020年6月時点の予測では、2020年の中国の経済成長率は1・0パーセント程度で、これは44年ぶりの低水準です。このため、中国は国内の雇用を守るために、国内消費の刺激策や内需型産業の活性化、あるいは新型コロナウイルスによって打撃を受けた中小零細企業の支援等を行っています。

図2-10　中国の対外直接投資
～欧米向け急減も東南アジア向け増～

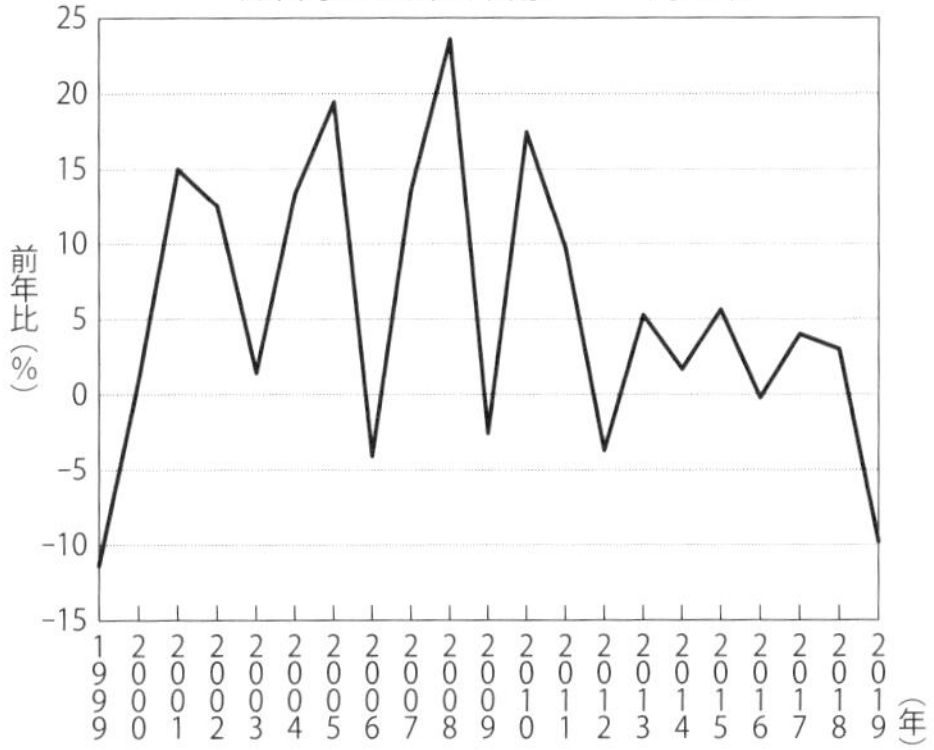

出所：中国商務部

そういう自国内の対応を優先せざるを得ないため、「一帯一路」に関する対外直接投資の優先度が下がっていることは間違いないでしょう。このことは対外投資の数字にも表れています。**図2-10**は中国商務部のデータで、対外直接投資の変化率を示したものです。プラス近辺を推移していたものが、2019年にマイナス9・8パーセントになっています。ただ投資先別では、欧米が急減しているのに東南アジアは減っていないのです。

これはやはり、中国にとって東南アジアの「一帯一路」事業は優先事項であるということです。欧米、特にアメリカ向けが減っているのは米中摩擦の問題だと思います。

つまり、全体では減っているけれども、「一帯一路」構想に重要な東南アジア向けの直接投資は引き続き増えているということです。習主席にとって「一帯一路」構想は、自分の存在意義といってもいいほど重要なものですから。

欧米向けの対外直接投資が鈍化しても、中国市場の収益や中国人の雇用を守るためには、やはり海外事業は欠かせないということでしょう。そこに立ちはだかるのが、新型コロナウイルスということです。ですから戦略の見直しを迫られる可能性も、全くないわけではありません。

しかも、東南アジアの一部地域には反中感情があります。今回の危機で、これが再び高まる可能性もあるわけです。中国の投資が集中しているカンボジア南部では、地元住民が生活費の高騰や犯罪率の上昇に対して反発の声を上げているともいわれています。東南アジアの識者などに聞いた調査で、経済面で最も影響力があり、地政学的な勢力とみられている国というのは中国なのです。あるデータによると、東南アジア国民の72パーセントが中国の経済力の影響について懸念を抱いていて、85パーセントは政治的な影響力を警戒しているとされています。

ただ、やはり東南アジアは自国の経済復興が急務ですので、警戒はするものの、中国からの新しい融資や増資を断るのは難しいという状況なのです。図2－11のグラフはASEAN事務局のデータで、2018年の諸外国からのASEAN（東南アジア諸国連合、10か国）への直接投資の割合です。最も多いのがEUで、次いで日本、そして中国と香港が同じ6・6パーセントとなっています。

図2-11　ASEANへの直接投資割合（2018年）

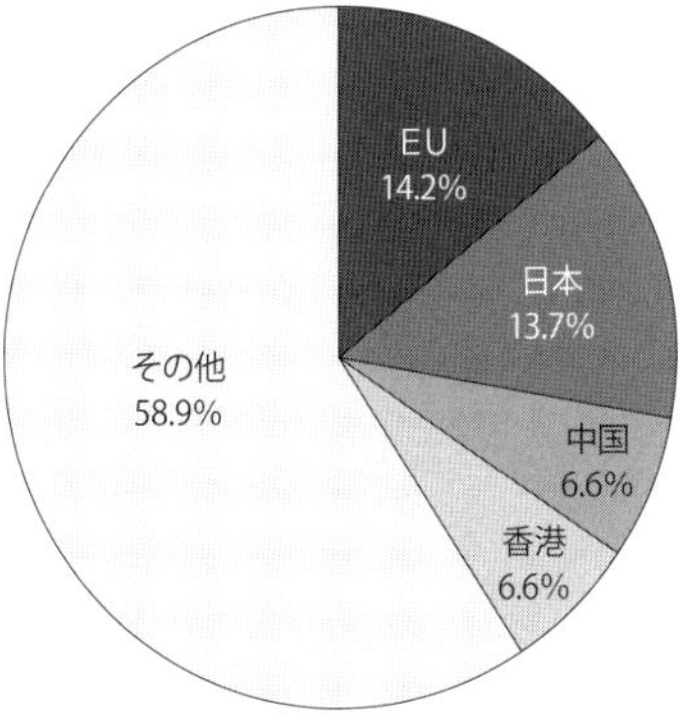

出所：ASEAN事務局

中国の投資割合は意外と少ないですが、今回の新型コロナウイルスで、日本やヨーロッパは自国の経済対策にかなりのお金が必要となり、資金面で余裕がなくなる可能性があります。ですから結果的に、東南アジアの多くは、資金面で中国への依存度を高める可能性があります。となれば、状況次第では、新型コロナウイルスの感染拡大が、中国に世界の新秩序を形成する機会を与えてしまうことになるかもしれません。

第3章

結束から分断に向かうEU

中国との関わりの深さが仇となったイタリア

コロナ・ショックの影響を最も大きく受けたのはEUでしょう。図3－1は主要国の経済成長率を示したグラフです。2020年以降はIMFの見通しですが、中国、アメリカ、EU、日本の中で、落ち込みが大きいのはアメリカとEUで、7パーセント以上のマイナス水準です。

特に、EUの主要国の中でも影響を受けたのがイタリアです（図3－2）。ドイツ、フランス、イタリア、イギリスとある中で、イタリアが一番厳しいのはなぜかというと、やはりイタリアが感染の拡大が最も酷かったからです。では、なぜ感染がそんなにも拡大したかというと、中国経済との関わりが最も深いのがイタリアだったからだともいえるのではないでしょうか。

次項目の話にもつながってきますが、イタリアは大陸欧州の中では財政的に大変厳しい国でしたので、他国（中国）の助けを最も必要としていました。「一帯一路」構想を推し進める中国との思惑も絡みついて、その結びつきが仇となったわけです。さらに、これものちに述べますが、EUの中で無理やり緊縮財政を強要され、医療費が削減されるなどし

図3-1　世界の主要国の経済成長率
〜EUが最悪〜

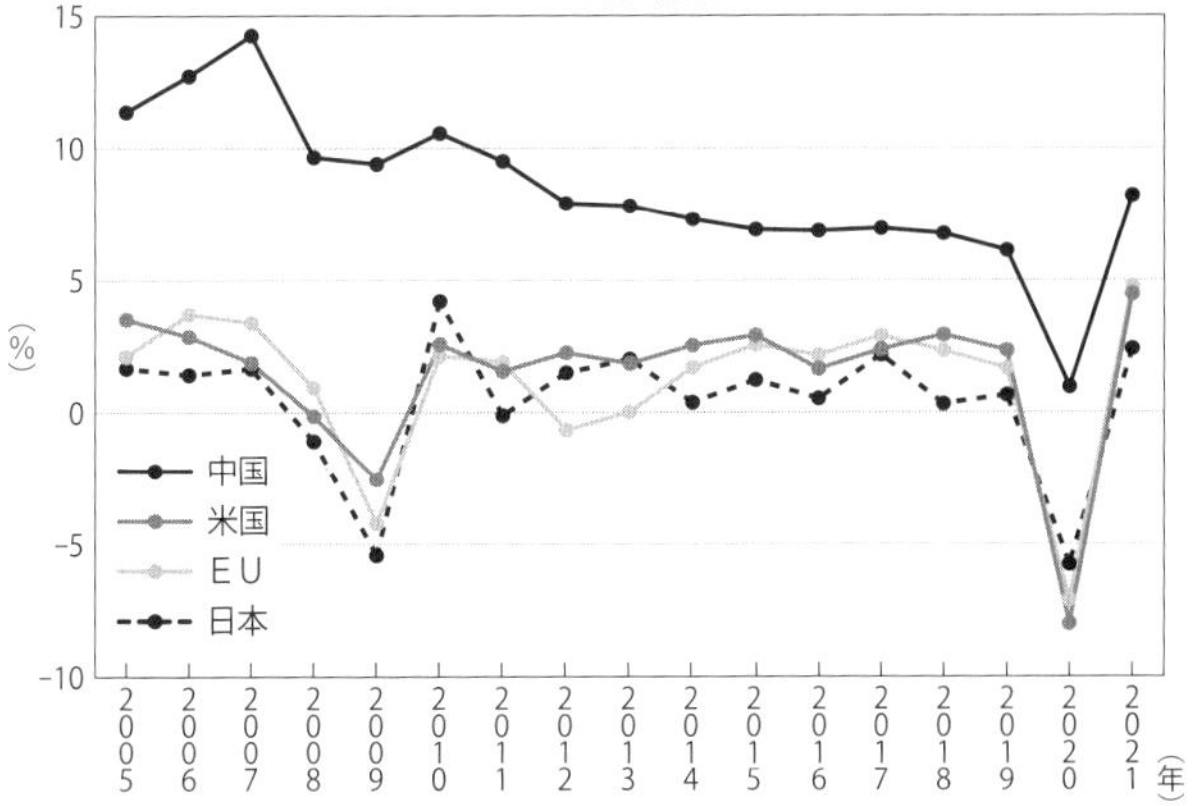

出所：IMF、2020年以降は６月見通し

図3-2　EU主要国の経済成長率
〜イタリアが最悪〜

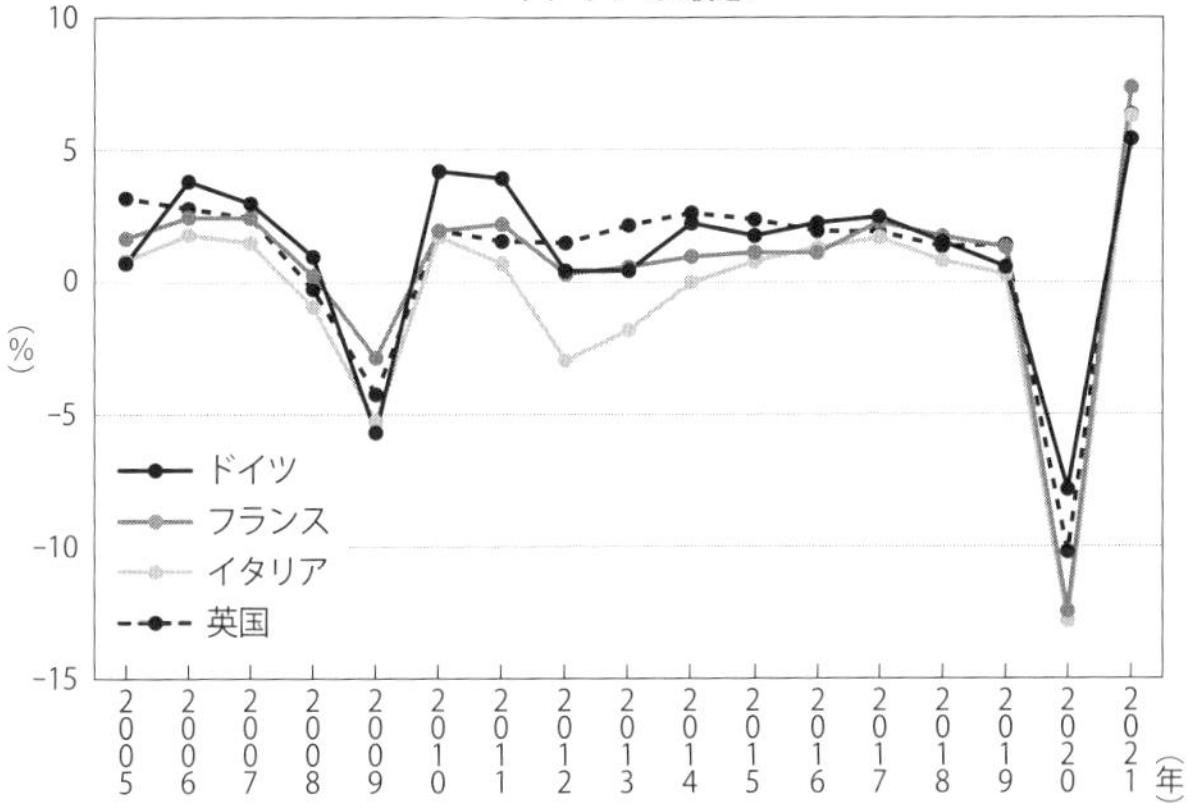

出所：IMF、2020年以降は６月見通し

た挙句に新型コロナウイルスの脅威にさらされる状況になってしまったことがあります。

イタリアの財政とフランスの経済改革への反対運動

イタリアで注目すべきは財政問題です。一方、隣国フランスの場合は経済改革への反対運動が挙げられます。要は、EUの結束にかなりの綻びが出ているということなのです。

財政の厳しさを端的に表しているのが、国債の利回りです。厳しい国ほど国債の利回りが上がり、安定している国の国債の利回りは低くなります。その利回りを、ドイツ、イタリア、スペイン、フランス、ギリシャという主要国でみたのが、**図3-3**です。たとえば、2010年代前半から半ばにかけて起きた欧州債務危機の時には、ギリシャの財政が最も厳しかったため圧倒的に金利が高いことがわかると思います。その後、徐々にEUの公的な機関がギリシャ国債を購入したことで落ち着いていきます。

このグラフをみると、2015年のギリシャの水準があまりにも高すぎたので、それほど高くはみえないかもしれませんが、2020年以降で最も利回りが高いのは、やはりギリシャとイタリアなのです。次にスペインと続きますが、スペインとイタリアの差もかなり大きくなっています。EU経済を牽引するドイツ国債はマイナスです。EUの中で財政

図3-3　EU主要国の10年債利回り

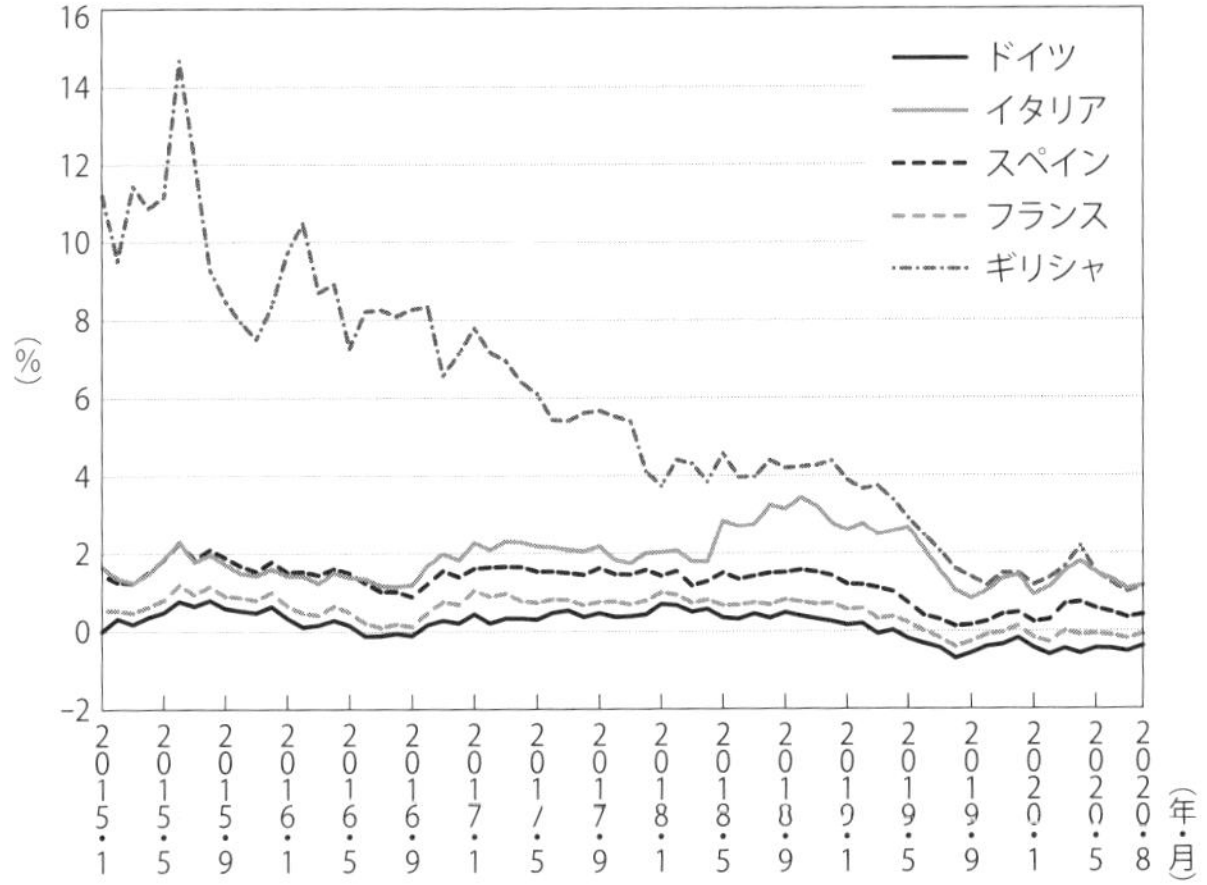

出所：トムソンロイター

の深刻さをみる場合は、ドイツ国債を基準にした各国の国債の利回り格差を比較すると、欧州各国の現状、特にイタリアの状況がよくみえてきます。

　そこで、ドイツとイタリアの利回り格差を示したのが**図３－４**です。参考までにユーロドル（ユーロダラー）も載せました。

　このドイツとイタリアの利回り格差をみると、２０１８年の春頃から急激に拡大しているのがわかります。これは、いわゆる財政懸念が強まったということです。その後いったん落ち着いたのですが、コロナ・ショック後にまた格差が広がったことがわかります。

図3-4　ドイツとイタリアの利回り格差とユーロドル

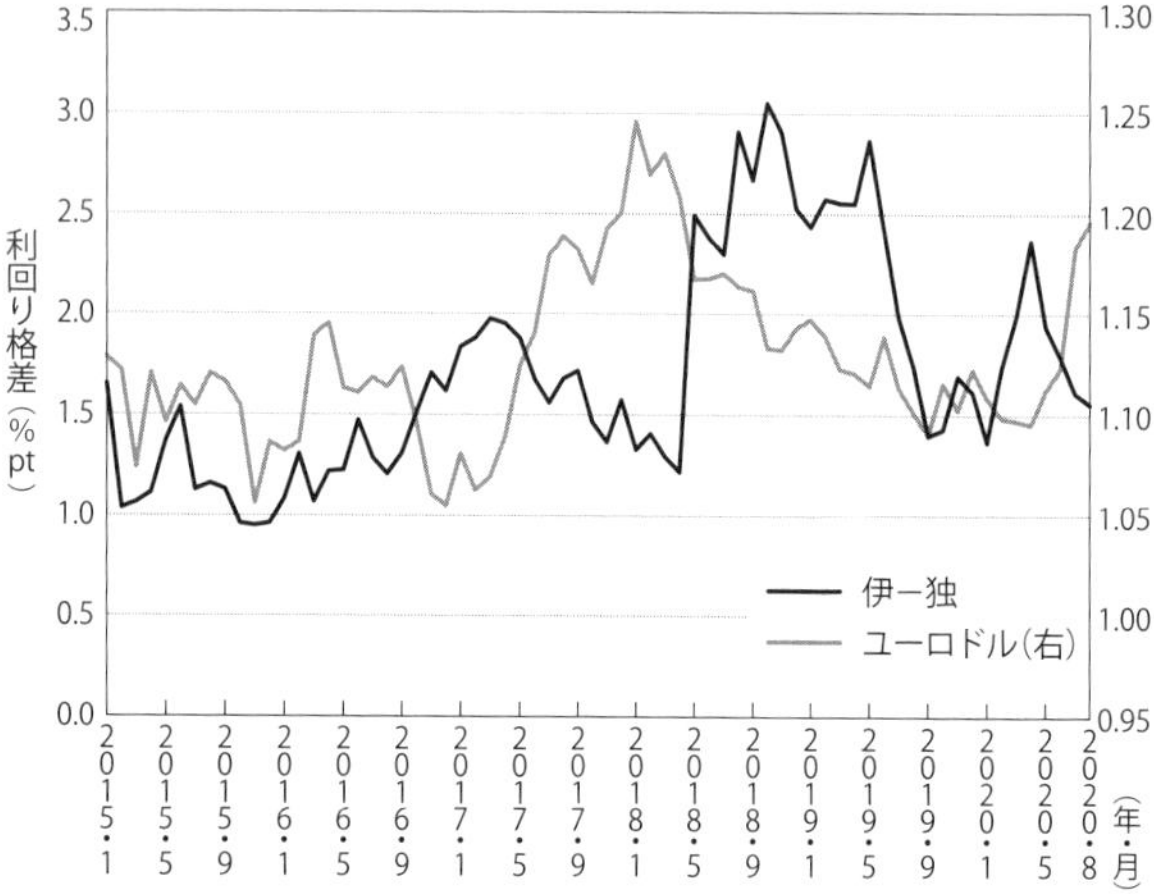

出所：トムソンロイター

　イタリアは、2018年6月に連立政権が発足して、財政規律のことで欧州委員会との対立が深まった時期でした。そのタイミングでユーロ安も進んでいます。ところが、そのあと利回り格差は小さくなっていくのです。

　じつは、2019年6月に欧州委員会が、イタリアに「過剰財政赤字是正手続き」を適用するのが妥当だと発表しました。財政が破綻に向かっているからもっとちゃんと緊縮財政をしなさいと圧力をかけたわけです。

　EUには、財政赤字はGDP比の3パーセント以内に抑えなければならないというルールがあります。それは守れない、というイタリア政府に対して、ＥＵはダメだといったわけです。ところが２０１９年７月になって、イタリア政府が一転して、２０１９年の財政赤字をＧＤＰ比２・０（正確には２・04）パーセントの水準を守りますと発表したのでした。このことで、「過剰財政赤字是正手続き」の適用は回避されました。

これが適用されると、ＥＵから半ば強制的に緊縮財政を命令されるなどしてイタリアは大混乱に陥ります。これが回避されたことで、利回り格差も下がったわけです。８月になると、当時のサルビーニ副首相が解散総選挙を呼びかけて再び拡大したのですが、９月の新政権樹立でまた低下しました。

しかし、今回のコロナ・ショックで、また利回り格差が広がりました。これは、やはり各国が非常事態なので、財政赤字３パーセント・ルールを撤廃して財政出動をしなければならなくなっているからです。となると、イタリアは将来的な財政の不安が高まります。ですからイタリアについては、引き続きアフター・コロナの財政問題が重くのしかかってくるのです。

ＥＵの中でイタリアが占める経済規模は、イギリスが抜けたため、ドイツ、フランスについで３番目に大きくなります。このためＥＵ全体に及ぼす影響もかなり大きくなっているのです。ですから、目下のＥＵの問題の一つは、イタリアの財政問題ということになります。

ただフランスも、２０１９年の年末頃からマクロン政権の年金制度改革に対する反対運動や、それ以前から黄色いベスト運動などがありました。そこに新型コロナウイルス感染が拡大してしまいましたので、いったんうやむやになっています。

問題は、その程度の小競り合いのところから、コロナ・ショックでさらにＥＵが仲たがいし、分裂の危機という可能性が高まるかもしれないということです。

依然不透明なイギリスの離脱とユーロ圏経済への影響

次に、イギリスのＥＵ離脱についてみてみましょう。２０１９年の年末、イギリス議会の下院総選挙で保守党が単独過半数を獲得したことで、２０２０年末までの移行期間を延長しない方針を盛り込んだＥＵ離脱関連法案が成立し、実際、２０２０年１月末にＥＵ離脱が決まりました。

それまではＥＵ離脱がどうなるか不透明感が強かったため、イギリスの経済についてはなかなか前向きな見方ができませんでした。しかし、この離脱決定によって、先行きについての不確実性はある程度は解消されました。これはもちろん新型コロナウイルスが蔓延する前の話です。

ここで重要なのが、２０２０年末までの移行期間中にＥＵとＦＴＡ（自由貿易協定）の締結をしなくてはいけないということです。ＥＵは離脱したものの、これを締結しないと、結局「合意なき離脱」と同じ状況になってしまいます。ですから、引き続きイギリスのＥＵ離脱に伴う経済関係の不確実性は継続することになります。そこが最大のポイントです。

じつは、イギリスは世界の公用語になっている英語が母国語ということもありますが、特に金融サービスをはじめとして、ＥＵ内外の国にとってはヨーロッパにおける拠点的な役割をしていた側面がかなり大きいのです。

ですから、イギリス離脱の不透明感が続くということは、ヨーロッパだけではなくて、金融資本市場などを通じて世界的に企業の投資マインド等にも大きな影響を及ぼしますので、経済活動にとって重しになるということです。

図3－5は、イギリスがＦＴＡを締結しないまま移行期間を終えた場合に、イギリスのＧＤＰに与える影響をＯＥＣＤ（経済協力開発機構）が推定したもので、三つの影響がイギリス経済の押し下げ要因になるといいます。

図3-5　英国経済に対する押し下げ要因

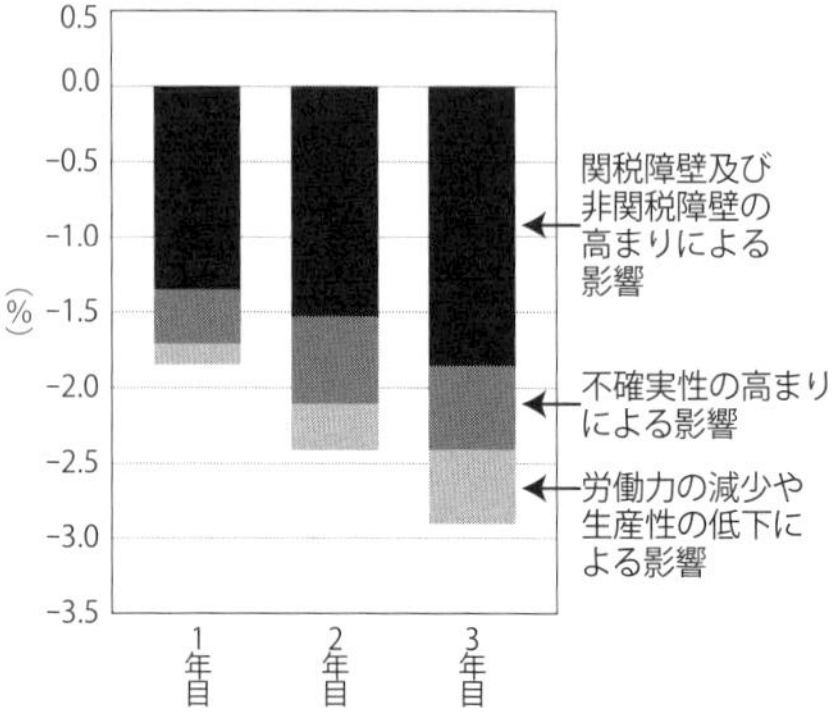

出所：OECD "Economic Outlook. November 2019" より作成

図3-6　ユーロ圏経済に対する押し下げ要因

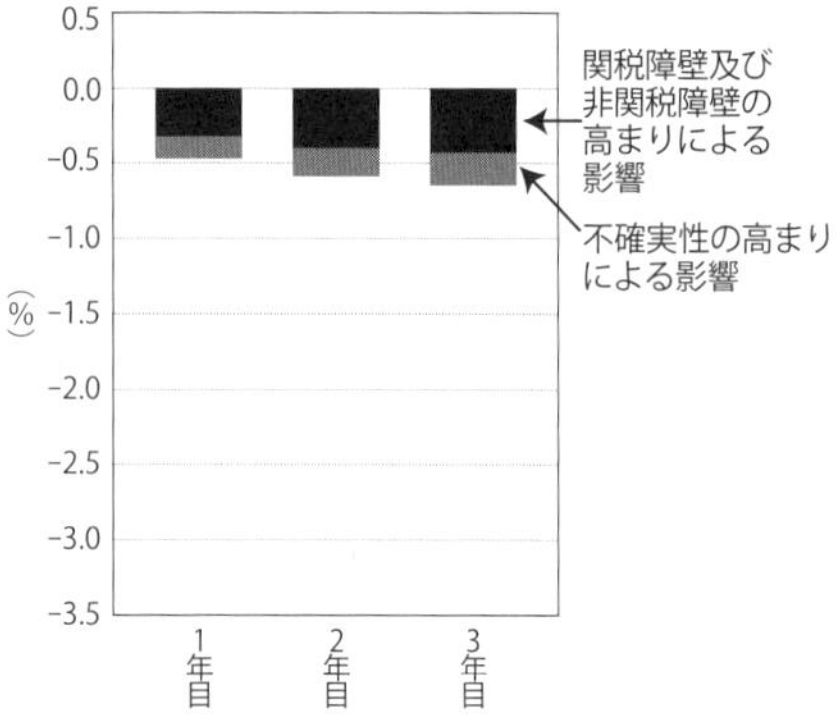

出所：OECD "Economic Outlook. November 2019" より作成

その一つめが「関税障壁及び非関税障壁」の高まりで輸出が下がるという影響。二つめが「不確実性」が高まって投資が抑制されるということ。三つめが移民減少による長期的な「労働力の減少や生産性の低下」です。

FTAを締結しないままの離脱は、イギリス国内にかなりの影響をもたらすということです。さらにそれが、コロナ・ショックで強まるのだと思います。一方、ユーロ圏に対してもそれなりに影響があり（図3－6）、0・5パーセント程度押し下げとなっています。中長期的には、自動車の部品や金融サービス等でコストが上がるため、イギリスとの取引量が大幅に減るでしょう。

国別ですと、経済的に密接なつながりをもつアイルランドへの影響が最も大きいでしょう。アイルランドのGDPは移行期間が終了した最初の2年間で、1・5パーセントも下がるとされています。

このように、イギリスもEU離脱が決まったからといって、まだどうなるかはわかりません。コロナ・ショックで、この先の不透明感は高まる一方ですが、いずれにしても、イギリスのEU離脱は大きなリスクを孕んでいるということです。

ドイツは欧州を牽引できるか

そうした中で、ユーロ圏も含めて、EUのリーダーとしてのドイツはヨーロッパを牽引できるのか。これにも、かなりの疑問符がつくでしょう。

そもそもユーロ圏、ヨーロッパも、中国と同様に人口動態的にはかなり厳しい状況です。

図3-7　ユーロ圏の生産年齢人口比率
～生産年齢人口ピークアウト～

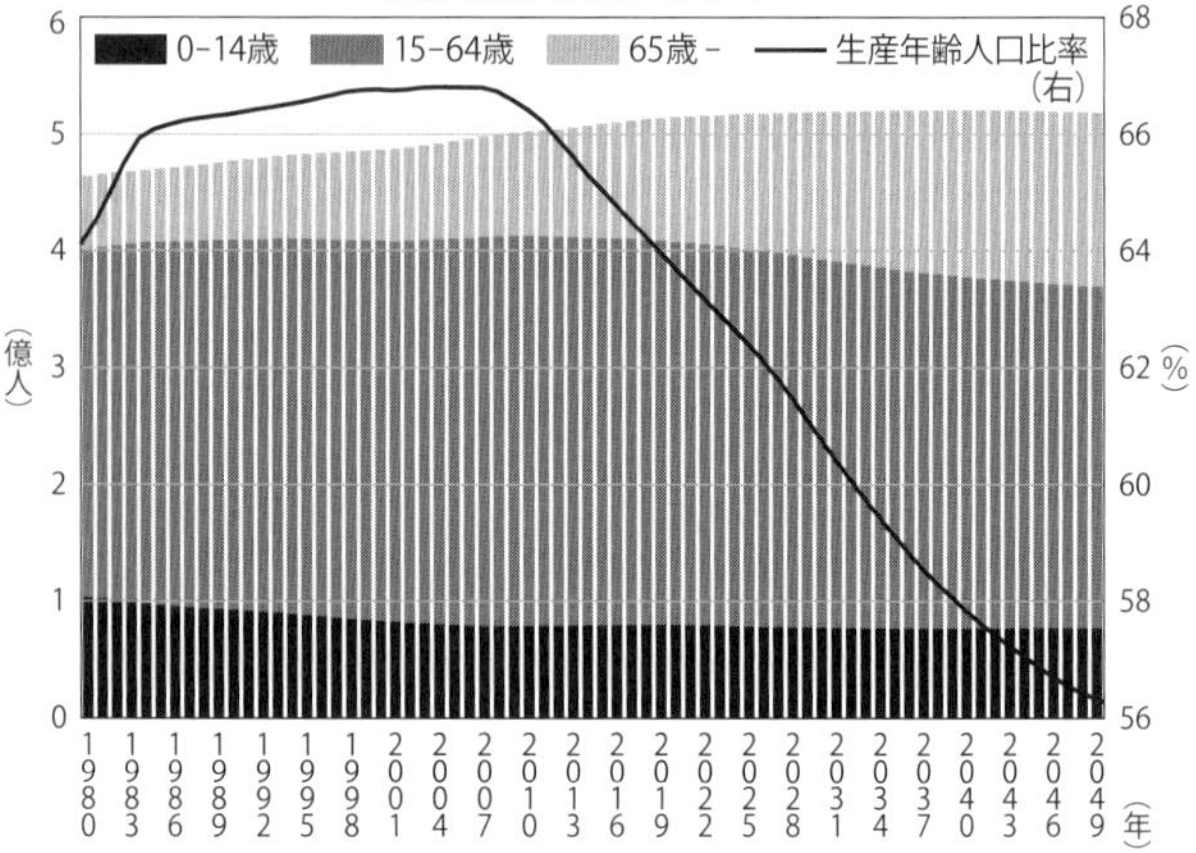

出所：国連

図3-7をみてもわかるとおり、15歳から64歳までの生産年齢人口がすでに減少に転じており、今後も年に0・3パーセント程度減少すると予測されます。

ただドイツは、ヨーロッパだけでなく世界的にみても非常に技術力が高い国ですので、投資の拡大や生産性の向上などによって人口減少の悪影響はある程度緩和できると思います。しかし、それでも潜在成長の大幅な上昇は、人口動態的に期待できません。

特に65歳以上のシニアの人口比率が上がる一方で、生産年齢人口の比率は下がっています。これが潜在成長の足を引っ張っているのです。やはり人間は加齢に

ドイツが強いてきた緊縮財政の最《さい》たるものが、先ほども出てきたＥＵの財政規律です。Ｅ Ｕ加盟国が、財政健全化を図りマクロ経済の不均衡を是正するために取り組む「安定化プログラム」という、３年間の財政計画があります。もう一つ、雇用と成長を促進するための構造改革計画である「国家改革プログラム」。これを欧州委員会に提出するとしています。

そういった安定成長の協定の中で、政府の財政赤字がＧＤＰ比の３パーセントを上回らず、公的債務残高のＧＤＰ比が60パーセントを下回ることが求められています。これを大きく逸脱する加盟国に対しては、財政規律の遵守を求める財政措置として、先に触れた「過剰財政赤字是正手続き」の適用を求めていたのですが、今回のコロナ・ショックによって財政ルールの一時停止が決まったことは朗報です。

図3-9は、ＩＭＦが公表しているＥＵ

図3-9　EU主要国の財政赤字／GDP

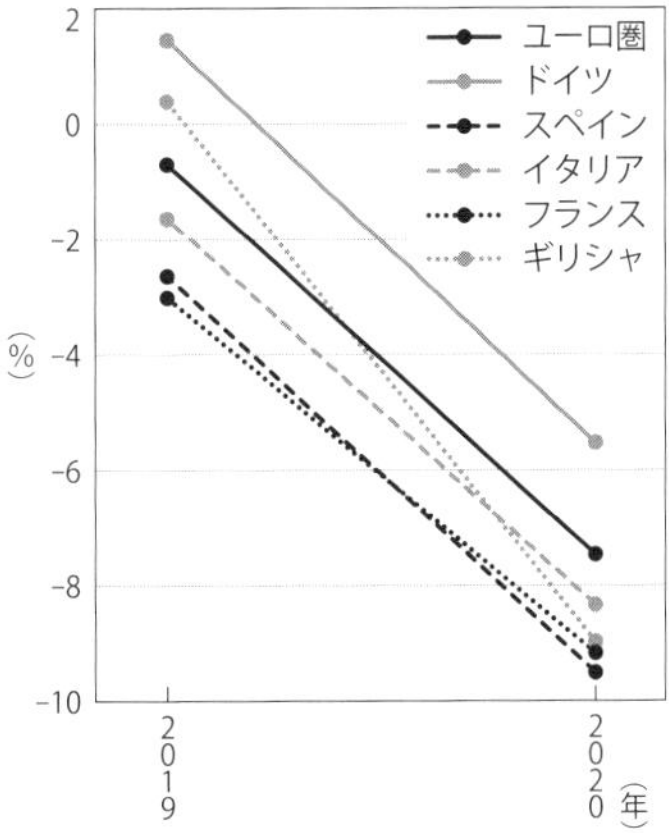

出所：IMF、2020年は見通し

の主な国々の２０１９年から２０２０年にかけての財政赤字のＧＤＰ比です。これをみると、財政黒字であったドイツですら２０２０年は５パーセント以上の財政赤字が予想されています。ドイツ以外の国は、さらに財政赤字が拡大するとされています。つまり、すべての国が財政赤字３パーセントルールを破ることになってしまうわけで、これはもう仕方がないということになったわけです。

一方、ＩＭＦの２０２０年６月時点での予測をもとにした、２０２０年の財政収支のＧＤＰ比と債務残高のＧＤＰ比を表したのが**図３-10**です。横軸は図３-９のグラフと同じ内容ですので、すべてマイナス３パーセントよりも大きくなっています。政府債務残高のＧＤＰ比についても、平常時は60パーセント以内に抑えなければいけないのですが、これも２０２０年に達成できそうなのはドイツだ

図3-10　EU主要国の財政収支・債務残高／GDP

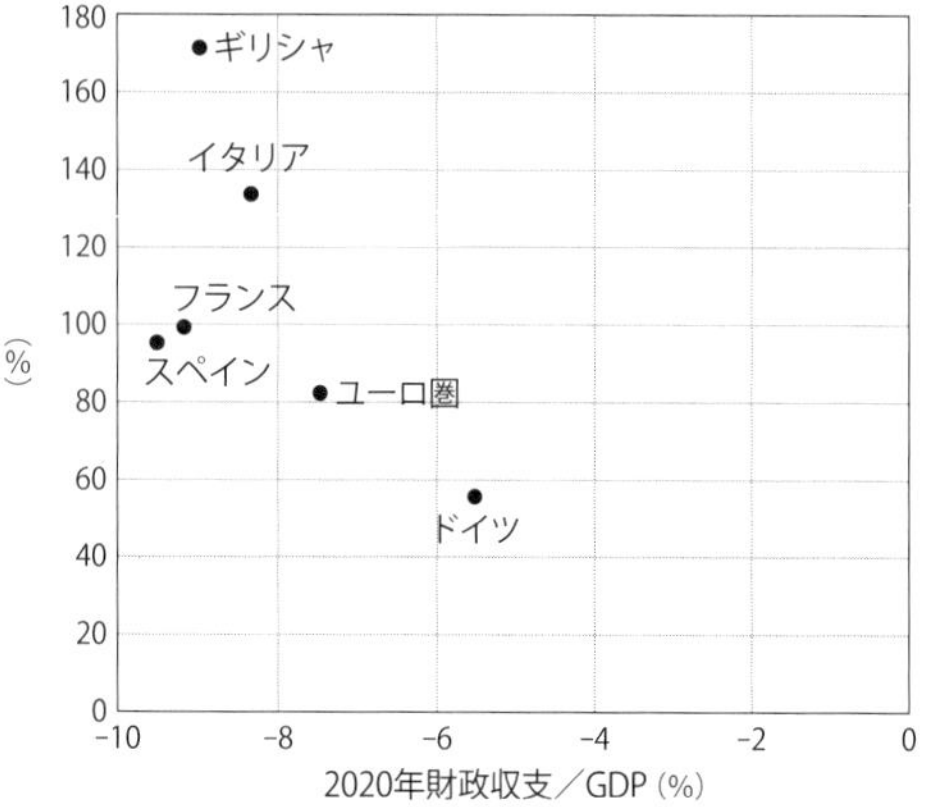

出所：IMF

けで、ほかの国は超えてしまいます。

そうなれば、ドイツの締め付けも少し緩むのではないかと思いきや、コロナ・ショックによってEU内の揉め事が増えているのです。

新型コロナウイルスによる被害の差がもたらすもの

「ESM」（欧州安定メカニズム）とは、欧州債務危機が起きた時にできた救済機関なのですが、これをコロナ・ショックへの対策にも、という動きがあります。事実、2020年4月にはESMによる融資枠の設定や雇用対策資金に充てるための融資制度の創設など、総額5400億ユーロの経済対策が合意されています。

また、2020年7月には欧州委員会が補助金と融資からなる7500億ユーロ規模の基金を創設し、事実上のユーロ共同債を発行して支援するコロナ復興基金で合意しています。EUでは初となる大規模な「共通債券」を発行して金融市場から7500億ユーロを調達し、加盟国の雇用対策や企業への支援に充てる仕組みです。

しかし、原案では、5000億ユーロを返済不要の補助金、2500億ユーロを融資とするはずでしたが、返済不要な補助金は3900億ユーロに減額され、3600億ユーロを低利融資で供与することになりました。「倹約四か国」と呼ばれるオランダ、オーストリア、スウェーデン、デンマークが、融資の割合を増やすように主張したからです。金融市場から調達した資金はいずれ返済する必要があり、補助金として配ってしまえば、これらの国々は他国向けの借金を肩代わりすることになるのです。

これに対し、イタリアやスペインなど南欧の加盟国は原案を支持しました。原案では、感染被害の大きさに加えて、財政余力が小さく自国の経済政策に制約があることが考慮され、イタリアに1730億ユーロ、スペインに1400億ユーロが割り当てられていたからです。

これについては、EUの結束を示すために早期の合意を求めるドイツのメルケル首相も、「意見の隔たりは大きい」と認めていました。

このような南北対立というのは、リーマン・ショック後の債務危機の時にもありましたが、それが再燃したということです。

EUは今回の未曾有の危機に対して、財政赤字をGDP比の3パーセント以内に抑えるというルールを一時停止するなどして、結束して立ち向かう姿勢をいったんはみせたわけですが、コロナ基金等の話になると、溝の深さが露呈してしまったということです。

もともとＥＵは、ある程度中期的な予算もつくっています（今現在は２０２７年まで）。それをもっと拡充すべきだという動きもありますが、拠出が増えたら借金の肩代わりにつながるだけでなく、特にドイツやオランダなどは、こういうものを簡単に受け入れてしまうと自国民の反発が高まるので、なかなか首を縦に振れません。そういうことで、「倹約四か国」等は融資の割合を増やすよう主張したのです。

結局、「倹約四か国」の反対がありながらも、補助金の財源としてＥＵ債や税金を使うことに合意したことは歴史的なことでもあり、ポジティブな評価も多く、合意後はユーロが買われています。

しかし、そもそも新型コロナウイルスの被害というのは、北部よりも南部で深刻な状況にありました。特にイタリア、スペインがひどくて、オランダやドイツはそこまではありませんでした。南欧で死者が急増したのは、やはり債務危機を受けた緊縮財政の一環として公的サービスが削られて病床が減ったことが一因なのではないかという意見もあります。中でもイタリアでは、他国の支援体制が消極的だという不満も出ています。

結局、ユーロ圏では、２０２０年は非常に厳しいマイナス成長になるでしょう。

コロナ・ショック後の足並みの乱れが再発すれば、経済面以外にも悪影響を及ぼす可能性があります。各国の政治状況を考えると、もともとEU懐疑派の政党などを勢いづかせるということもあります。それがエスカレートすると、それこそイギリス以外の国もEUから抜けようとなって、最終的にはEU崩壊のリスクが高まる可能性もあるでしょう。

第4章　オイルマネーと地政学リスク

原油価格は一時マイナスにまで大暴落

ＷＴＩ価格とは、代表的な原油価格の指標とされるアメリカのシカゴ・マーカンタイル取引所での原油先物価格のことです。コロナ・ショックで急激に原油の需要が落ち込み、原油価格も急落しました。ＷＴＩとアメリカの原油の在庫を図4-1で示しました。原油在庫は逆目盛りになっています。つまり、下にいくほど在庫が積み上がっているということです。

これをみると、いかに原油の需要が落ちているかがよくわかると思います。特に衝撃的だったのが、２０２０年4月20日にＷＴＩの先物価格が史上初めてマイナスになったことでした。在庫が積み上がって貯蔵施設が満杯になってしまったため、お金を払ってでも原油を手放したいという心理がはたらいたことでマイナスになったわけです。このため一時的なことではありますが、やはりマイナスになったということは今回の危機を象徴的に表したものだと思います。

産油国は、ＯＰＥＣ（石油輸出国機構）加盟国13か国（サウジアラビア、アラブ首長国連邦、アルジェリア、アンゴラ、イラン、イラク、ベネズエラ、クウェート、コンゴ共和国、赤道ギニ

図4-1　原油先物相場と米国原油在庫

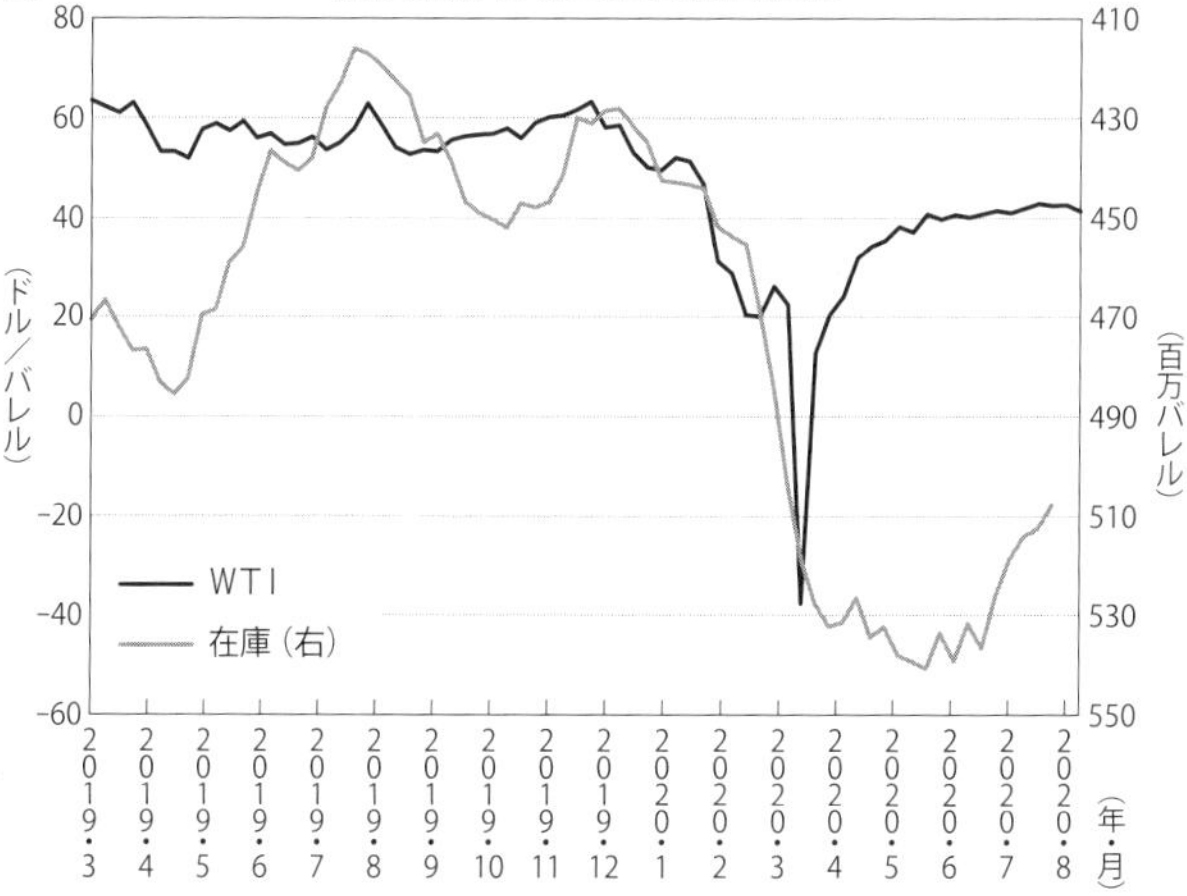

出所：ブルームバーグ、EIA

ア、ナイジェリア、リビア、ガボン）とOPEC非加盟国10か国（ロシア、オマーン、カザフスタン、ブルネイ、マレーシア、メキシコ、アゼルバイジャン、バーレーン、スーダン、南スーダン）の二つに大きく分かれています。

彼らにとって原油価格が下がるということは、それだけ所得が減るということですので、まさに死活問題です。

OPEC加盟国13か国と非加盟国10か国の23か国で構成される「OPECプラス」は、2020年3月に原油の減産に合意しました。しかし、後に詳しく述べますが、ロシアが減産合意を破棄したことに腹を立てたサウジアラビアの増産を

図4-2　産油国の財政収支上の損益分岐点（2020年）

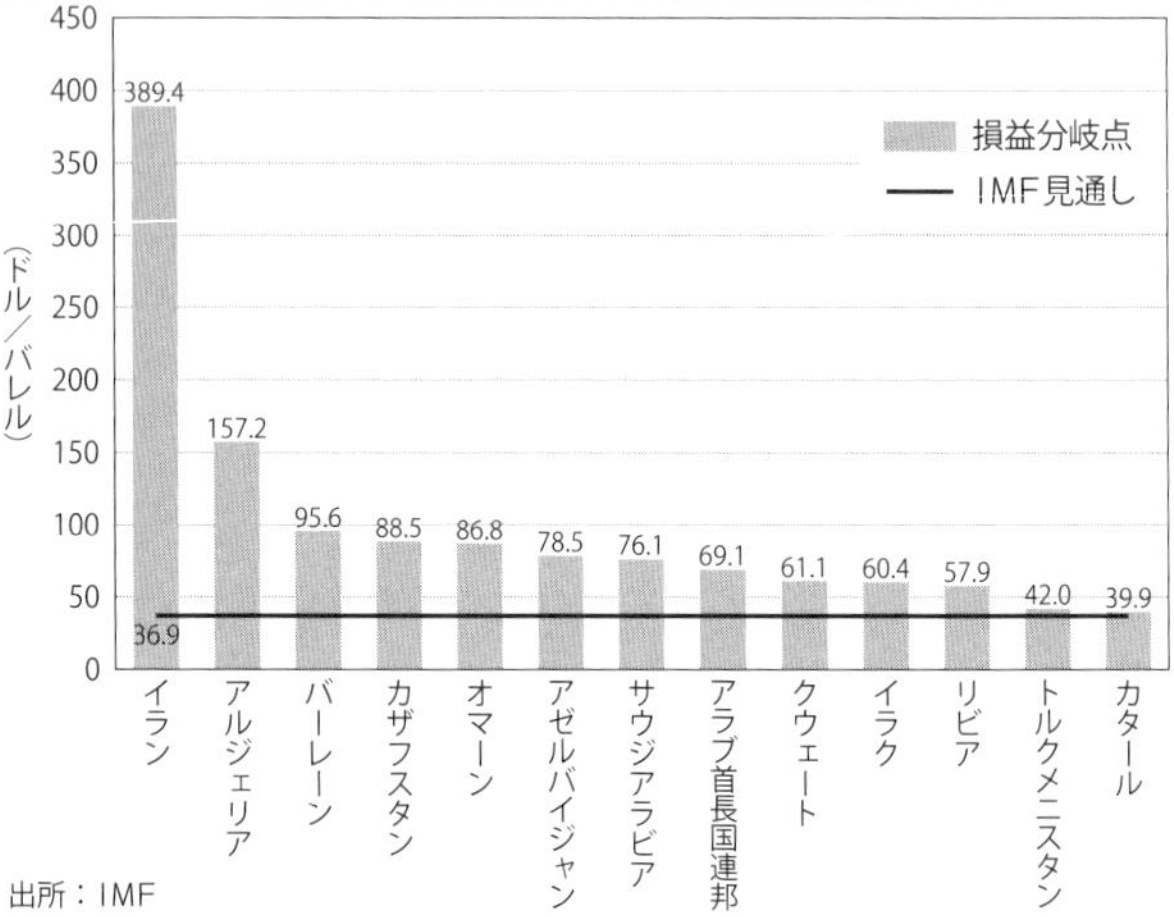

出所：IMF

受けて、原油価格は急落します。それを再度やり直し、4月12日に改めて協調減産に合意しました。

しかし、それでもやはり原油価格の下落が続きました。OPECプラスは、5月から協調減産に入ったのですが、各国の経済活動が再開されてもすぐには元に戻りませんので、需要の後退が大きかったわけです。残念ながら減産分以上に落ち込んでいて、なかなか原油価格が戻りませんから、今後、産油国が追加的な減産に合意するとか、あるいはさらなる需要の回復が見込まれるとか、そういうことがない限り、原油価格の大幅な上昇はかなり厳しいでしょう。

産油国は輸出の大部分を石油関連に依存

図4-3　産油国の経常収支上の損益分岐点(2020年)

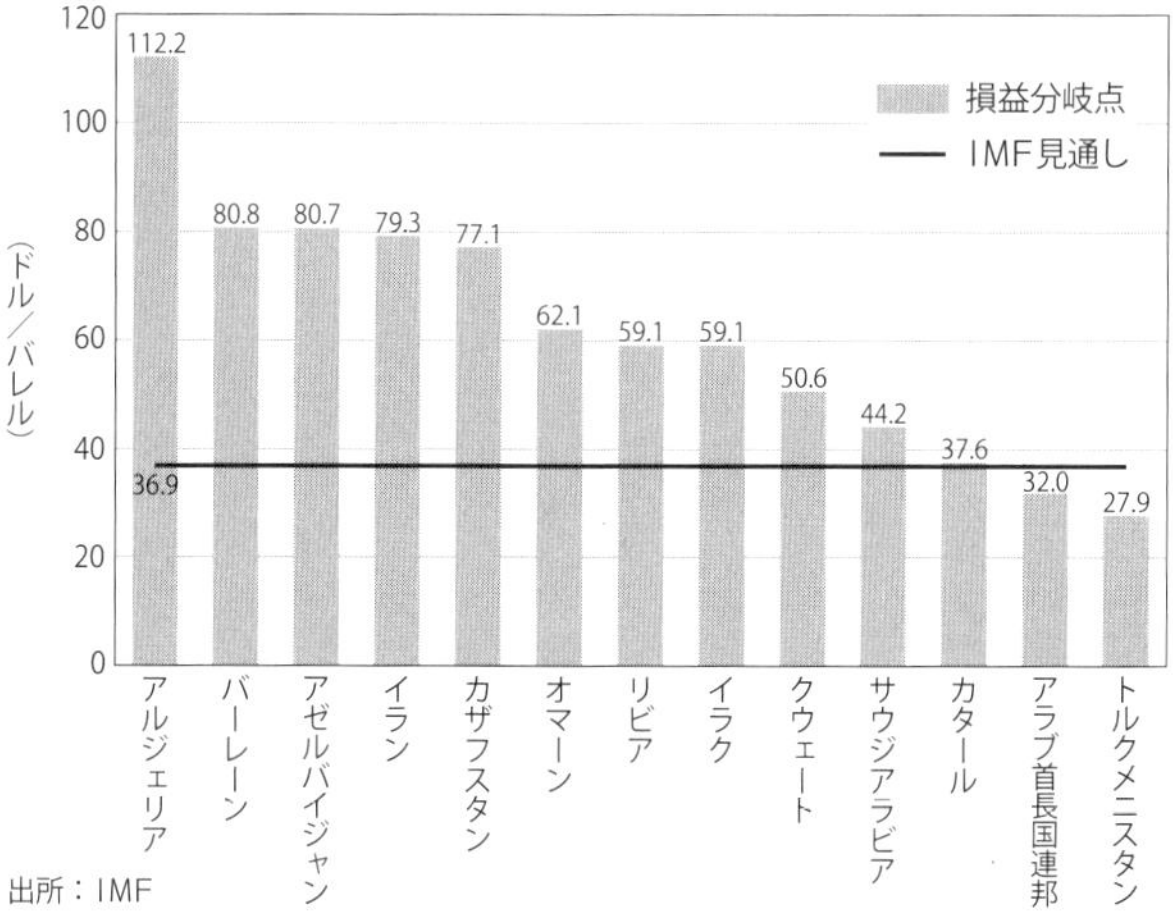

出所：IMF

していますので、原油価格が低迷すると、そういった国々の経済や政治にかなりの影響を与えます。そこには特に注意が必要なのだと思います。

さらにいうと、そうした原油市場の変化が、産油国の為替や株価といった金融市場にフィードバックされることのリスクも大きいのです。

産油国の経済と内政への影響に注意が必要

図4-2、図4-3は、産油国への影響を表したものです。IMFによる2020年の原油価格の見通し（36・9ドル）を示した線をみてください。この価格に対して、それぞれの国は原油価格が1バレル何ドル

だったら採算が取れるのかという損益分岐点を棒グラフで示しました。

財政収支（図4－2）と経常収支（図4－3）の違いについて確認すると、経済主体には政府と家計と企業の3つがありますが、その3つすべてを合わせた貯蓄投資差額が経常収支と等しくなり、政府だけの収支が財政収支です。

実際に損益分岐点を計算すると、経常収支ベースではUAE（アラブ首長国連邦）とトルクメニスタンは損益分岐点がかなり低いため、IMFの見通しの原油価格であったとしてもなんとかやっていけるかもしれません。しかし、それ以外の国はかなり厳しいことがわかります。財政収支については、IMFの見通しに対して損益分岐点的にプラスになる国はありませんので、こうした面からも非常に厳しいといえます。

原油価格が下がれば産油国の原油収入は減少しますので、協調減産などの追加的な政策対応がないと経常収支が赤字化してしまいます。経常収支というのはある意味、国内での資金の需給の逼迫度合いを示しますので、経常収支が赤字化すると、資金繰りが悪化することになります。さらにいえば、財政赤字が拡大することも予想できるわけです。

じつは、このグラフにはロシアが入っていません。IMFはロシアやフィリピンの推計はやっていないからです。ただ、ロシアの市場は大きいので（図4－6参照）、恐らくロシアも同じ状況にあって、厳しいことに変わりはないだろうと思います。

そもそも金融市場においても、新型コロナウイルスの影響でリスク回避的な傾向が続いているため、原油価格が戻らないと、特に低格付けの産油国には、通貨危機や債務危機といった動きが出てくる可能性があり、注意が必要です。

さらに政治的な側面から述べると、石油収入が低下して経済状況が悪化したところに新型コロナウイルスの感染が重なったため、産油国の政権に対する批判は強まることになるでしょう。そうなると、政治的な安定が失われてしまいます。数年前の「アラブの春」のような状況がぶり返す可能性も否定できませんので、そういう政治リスクには注意したいところです。

特に、産油国の中でも中心的な存在となっているサウジアラビアでは、皇太子が進めてきた経済開発が停滞する可能性があります。「サウジビジョン２０３０」といわれている経済開発がそれであり、このビジョンに向けた「国家変革計画２０２０」を２０１６年に発表しました。「サウジビジョン２０３０」の内容は、石油に依存する経済構造の転換を目指すという産業政策です。

ただし、その脱石油化の経済開発の資金というのは、やはり石油収入による財政資金や、国営企業であるサウジアラムコの株式上場による利益に依存しているわけです。ですから脱石油とはいっても、結局、その原資は石油によってもたらされているため、原油価格の低迷が続くと脱石油化戦略が遅れてしまう可能性もあると思います。

地政学リスクを高めるイランのゆくえ

こうした経済的な影響だけではなく、地政学リスクという観点でみると、イランのゆくえというものが非常に重要になってきます。

図4‐4、図4‐5は主要な産油国の経常収支と財政収支のGDP比を表したものです。これをみると、イラクが非常に厳しいことがわかります。イランの軍事的な動向にも注意が必要ですが、原油価格の下落が戦争やテロなどに対する緊張に与える影響はトータルで考えるとニュートラルでしょう。

サウジアラビアやUAEと対立しているのは、イエメンのフーシ派、イラクで駐在米軍を攻撃しているシーア派の民兵、シリアのアサド政権、イスラエルを攻撃するレバノンのヒズボラ、パレスチナのガザ地区を拠点にするハマス等です。

これらは、イランの革命防衛隊が資金や軍事的な支援を行っているといわれています。

そうした資金は革命防衛隊の下にある石油関連企業から調達されていますので、やはり石油の収入に依存しているわけです。このため、石油収入が低下すると支援の削減をもたらすという見方ができるのです。

図4-4　主要産油国の経常収支／GDP
～ドルの資金繰り悪化～

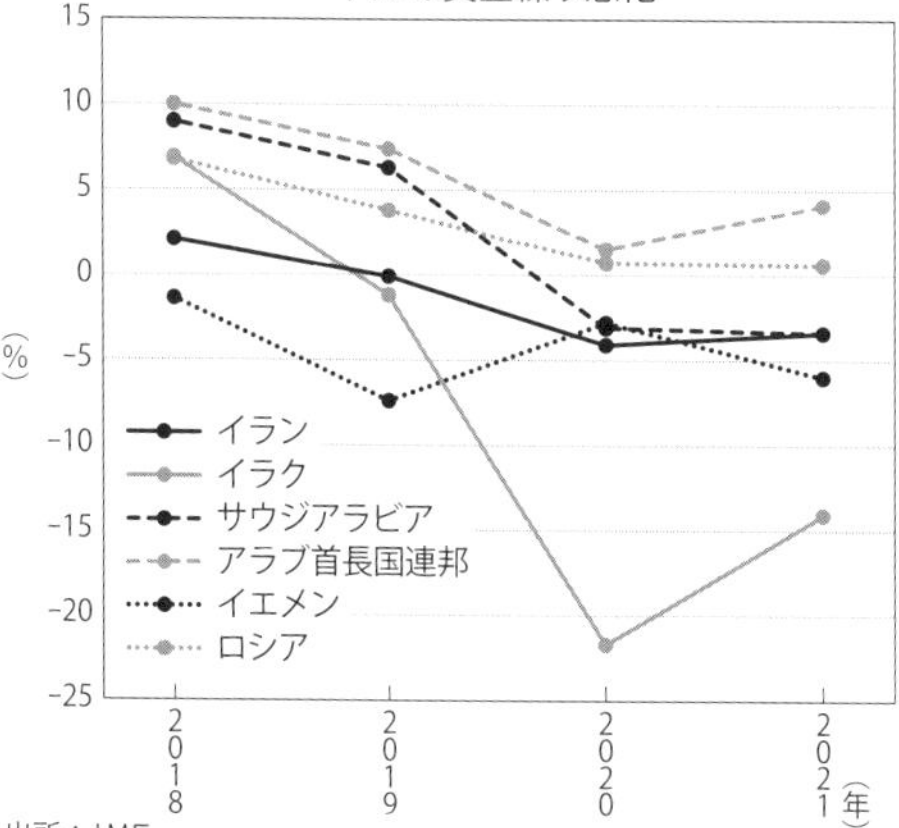

出所：IMF

図4-5　主要産油国の財政収支／GDP
～財政赤字増大～

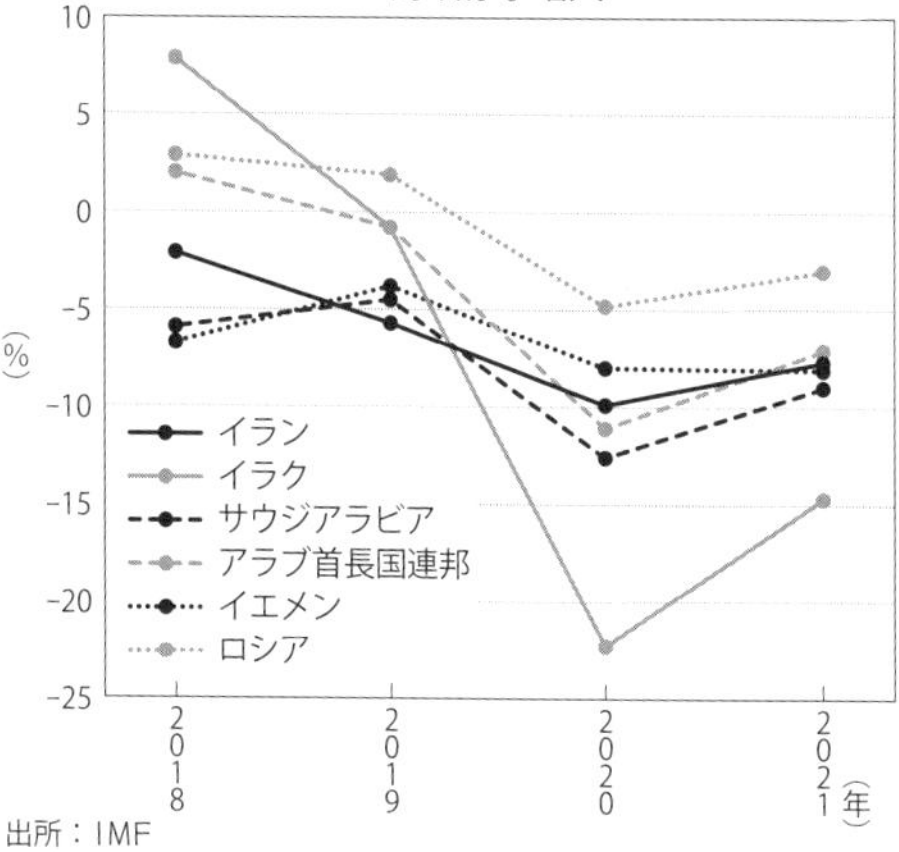

出所：IMF

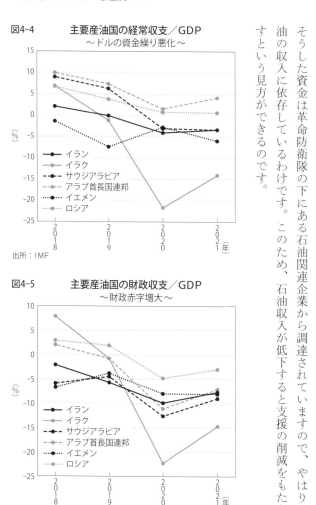

その一方で、アメリカの動きがあります。アメリカは「イラン核合意」を離脱しました。2018年11月から金融制裁が再開されていることを考えると、今回の原油価格の下落とは関係なく、イランの石油収入はそもそも厳しかったわけです。イランが制裁を受けた時には、原油価格はむしろ上昇しましたので、原油収入としてはプラスだったのですが、イランは自由に原油を輸出できなくなっていたため、もともと原油収入は厳しかったということです。

ただ、金融制裁が再開された後でも、イランの革命防衛隊がペルシャ湾の船舶やサウジアラビアの石油精製施設を攻撃したりしています。イエメンのフーシ派の戦闘攻撃も終わっていませんし、イラクでもシーア派の民兵がアメリカの大使館や米軍駐留施設への攻撃を繰り返しています。

こうした活動が活発化していることからすると、確かに原油収入が減って厳しい部分もありますが、これによってイランの軍事的な動向が劇的に沈静化したり暴発するかというと、その可能性は低いと思われます。

純輸出国アメリカのシェールオイルは崩壊するか

こうした産油国に対する影響もありますが、じつは今、世界最大の産油国はアメリカなのです。アメリカは、２０１７年までは原油の純輸入国だったのですが、２０１８年からは純輸出国になりました。

なぜアメリカがそうなったかというと、シェール革命があったからです。そうなると当然、原油価格の下落はアメリカのシェール関連企業等にも影響を及ぼします。

図4-6　原油の生産・輸出シェア（2018年）
～米国は世界最大の産油国～

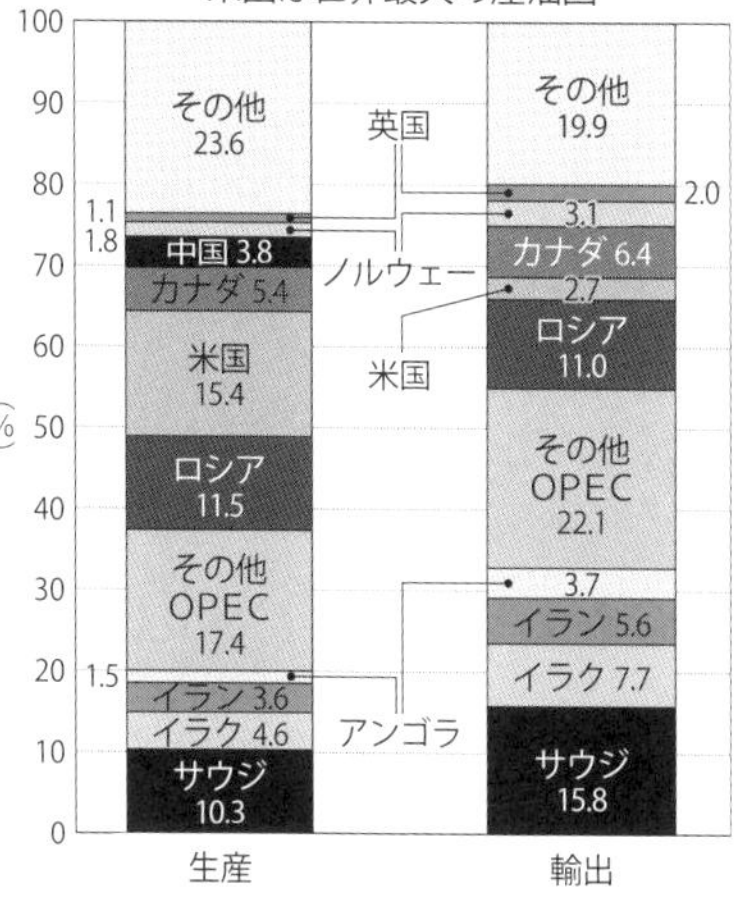

出所：IEA、ITC

図４-６は、２０１８年の原油の生産と輸出のシェアを表したものです。

生産シェアでみると、「その他」や「その他ＯＰＥＣ」を除けば、アメリカの生産量が最も大きく15・4パーセントです。サウジアラビアですら10・3パーセントで、ロシアは11・5パーセントです。

このように石油の生産はアメリカが一位ですが、じつは消費量も世界一なのです。消費量一位ということがなぜわかるかというと、これだけ生産のウェイトが大きいのに、右側のグラフの輸出のウェイトが2・7パーセントしかないからです。

つまり、国内でそうとう消費されているということです。逆に輸出のウェイトが大きいのが、「その他」や「その他OPEC」を除けば、やはりサウジアラビアとロシアです。

こういった国では、原油価格が下がるとやはり影響が大きくなります。

シェールオイルというのは、それまで採掘できなかったような地中深くにある頁岩《けつがん》から生産されるオイルです。採掘するには特殊な技術が必要で、従来の原油採掘よりもコストがかかります。

新型コロナウイルスが流行り始めたタイミングで、ロシアやサウジアラビアは原油を減産せずにむしろ増産しました。なぜ、そのようなことをしたのかというと、増産して原油価格を安くすることによって、自らもダメージを受けますが、それ以上にシェールオイルは採算が合わなくなるため、アメリカのシェールオイルを潰そうとしたわけです。それにはやはり、従来の原油の採掘コストのほうが安いということがあります。

では、アメリカは原油産出国の中で最大のピンチに陥ったのかというと、じつはこれがそうでもありませんでした。

シェール関連企業だけで考えれば、もちろん厳しい状況です。アメリカの原油在庫は世界経済の減速を受けてかなり高水準で推移しています。このことが原油価格を押し下げた要因の一つになっています。ただ、それによってアメリカが大打撃を受けるかというと、必ずしもそうとは限りません。

なぜかというと、一つには家計部門を考えた場合、クルマ社会のアメリカにとって、原油価格の下落はガソリン価格の下落を通じて、家計の実質的な所得を押し上げるというプラス効果があるからです。また企業部門でも、原油を利用する側の企業にとってはコスト減を通じて企業収益的にプラスの影響を及ぼします。

ただ一方で、シェール関連企業にとっては死活問題です。アメリカだけでなくイギリスもエネルギーセクターがかなりありますが、このあたりの大幅な減収が企業業績を下押しする側面も当然あります。エネルギーセクターの企業収益が下がれば、アメリカもイギリスも生産や採掘の設備投資などにマイナスの影響が出てくるわけです。

では、これがマクロ経済的にどういった影響を及ぼすのかというと、原油価格が下がると物価の下押し圧力になるので期待インフレ率が下がります。このため各国は利下げしやすい環境になり、金利が下がりやすくなります。金利が下がること自体は悪くないかもし

図4-7　**ハイイールド債と原油価格**

～エネルギー関連企業で発行目立つ～

出所：トムソンロイター、PGIM

れませんが、重要なポイントがあります。

図4-7は、エネルギー関連企業で発行が目立っているハイイールド債と原油価格の推移をみたものです。

エネルギー関連企業は資金を調達するために社債を発行するわけですが、リスクが高くなれば利回りが高くなります。これまでのように世界的に金利が下がる中では、利回りの高い債券のほうが、イールドハンティング（利回りの追求）の対象になりやすいということで、お金が調達しやすくなっていました。

しかし、原油価格が暴落してシェー

ル開発を行う企業が破綻することになると、金融市場への影響が大きくなります。実際、2015年1月にはアメリカのシェールオイル開発企業が破綻しています。原油価格が下がると株価が下がるというのは、まさにそこの影響が大きいということの現れなのです。さらに、産油国の通貨が暴落して財政リスクが高まることもあるわけです。

ただ、図4－7をみると、コロナ・ショックでいったん下がったハイイールド債の価格がかなり戻っているのがわかります。この背景には、アメリカの中央銀行であるFRBの金融政策があります。コロナ・ショック後は企業の資金繰りが大変な状況になりましたので、有事ということで、FRBがハイイールド債も購入する策を打ち出したからなのです。

これで、ハイイールド債も少し価格を戻しました。しかしこれは有事の動きですので、FRBがハイイールド債を買わなくなった時に、リスクが顕在化するかもしれません。

さらに付け加えると、マーケットというのは先取りして動くわけですが、先の家計や企業のプラスの効果というのは、マイナスの影響より遅れて顕在化する可能性がありますから、そこは注意が必要です。

また、これも先に述べたように、工業関係の生産や採掘の設備投資が落ちることで景気の下押し圧力が続くというリスクもあります。このため、アメリカのシェール関連企業の動向というのは、やはり波乱要因になるでしょう。

原油価格の暴落は日本景気に追い風となるか

これまで述べてきたように、原油価格が下がると産油国にとっては直接的な悪影響がかなりあります。では、肝心の日本経済にとってはどうなのでしょうか。日本は純輸入国ですので、単純に考えれば、原油価格が下がれば所得の海外流出が抑えられることになります。

こうした直接的な面のみで考えると、日本経済にとってはプラスと思われます。しかし、じつはそう単純には考えにくいのです。つまり、「実体面ではプラスだが金融面ではマイナス」ということなのです。

実体面のプラスとはどういうことか。**図4－8**は、原油価格に連動する日本の交易利得を表したものです。ドバイ原油先物の折れ線は、日本が輸入している原油価格に直接関係する値です。これは右目盛りで、下にいくほど原油価格が上がり、上にいくほど下がるということです。一方の折れ線は交易利得です。交易利得というのは、貿易財の価格の変化によって実質的な所得がどれだけ流入したか、あるいは流出したかということです。これ

図4-8　原油価格に連動する日本の交易利得
～原油10ドル下落で1.6兆円の利得～

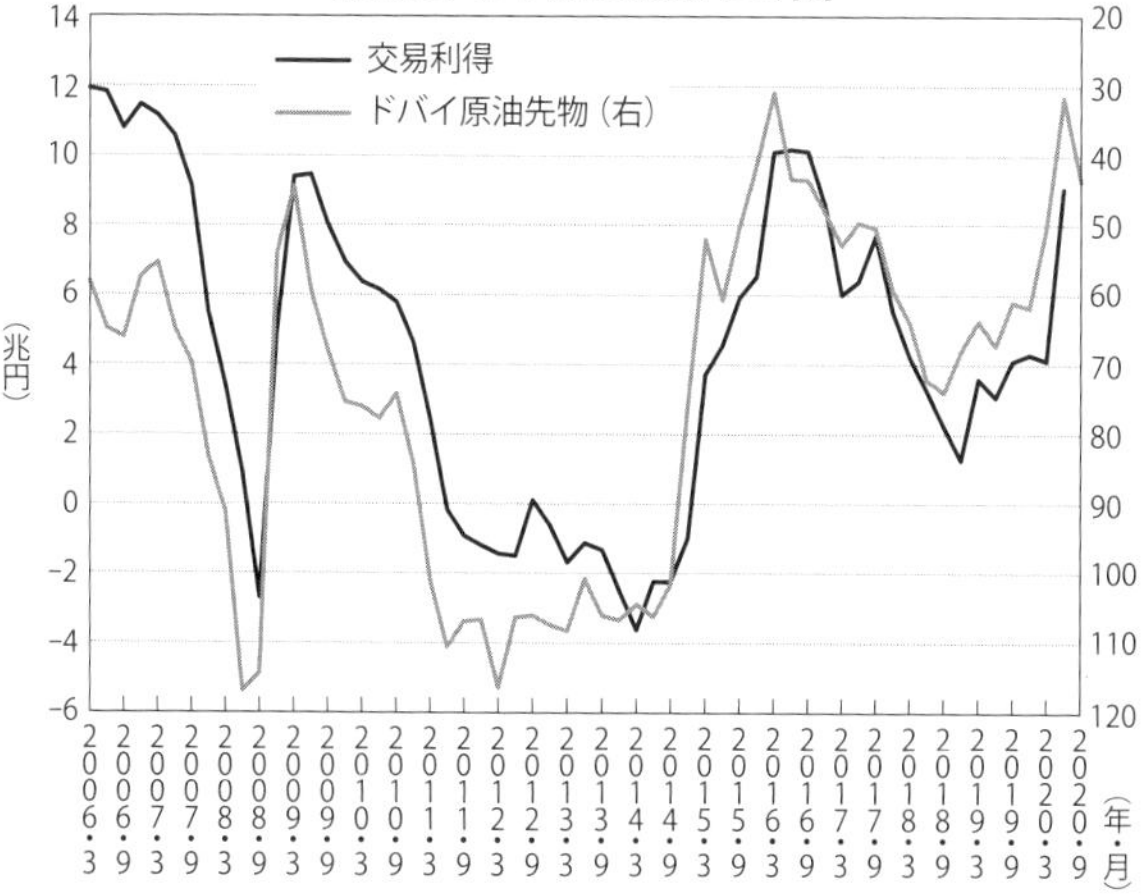

出所：内閣府、トムソンロイター

は左側の目盛りで、上にいくほど利得があるということです。

　これをみると、日本の交易利得は、殆ど原油価格で説明できることがわかります。つまり、原油価格が下がれば貿易による価格面での利益、すなわち日本の交易利得が増えることになり、所得の流出が抑制されるということです。逆に、原油価格が上がるほど所得の海外流出が増えてしまうため、交易利得がマイナスになる。

　ここまで明確な関係がありますので、定量的な試算から原油価格が１バレルで10ドル下落するごとに、交易利得が１・６兆円増加すると計算されます。

ですから、所得の海外流出が1・6兆円抑えられるわけです。原油価格が下がると、ガソリン・軽油・灯油等の値段が下がりますので、日本国内でも地方、特に寒冷地の地方の家計の実質的な所得を押し上げます。企業の生産コストも下がるため、企業収益的にもプラスの影響を及ぼします。

このため直接的には、原油価格が下がれば実質的な所得が増加し、地方経済にとっては総じてプラスといえます。特にエネルギー依存度が高い北海道や東北などは、そうとう影響が大きいでしょう。

一方、アメリカのシェールオイルほどではありませんが、日本でも石油会社の場合は、原油価格が下がる前に仕入れた在庫の評価損が出ることや、世界の石油開発に絡んでいる商社等は業績的に下押しになります。つまり、こうしたマイナス面もありますので、そこは注意が必要だと思います。

ただその一方で、原油価格が下がると物価上昇率も下がります。実際、この2020年5月の消費者物価指数から、3年4か月ぶりのマイナスになっています。これは当然、期待インフレ率の低下を通じて金利上昇を抑制します。借りる側にとってはよいことですが、低金利が長期化すると金融機関の経営に悪影響を及ぼす可能性がありますので、日銀も非

図4-9　原油価格と連動する株価
～産油国・シェール破綻リスク～

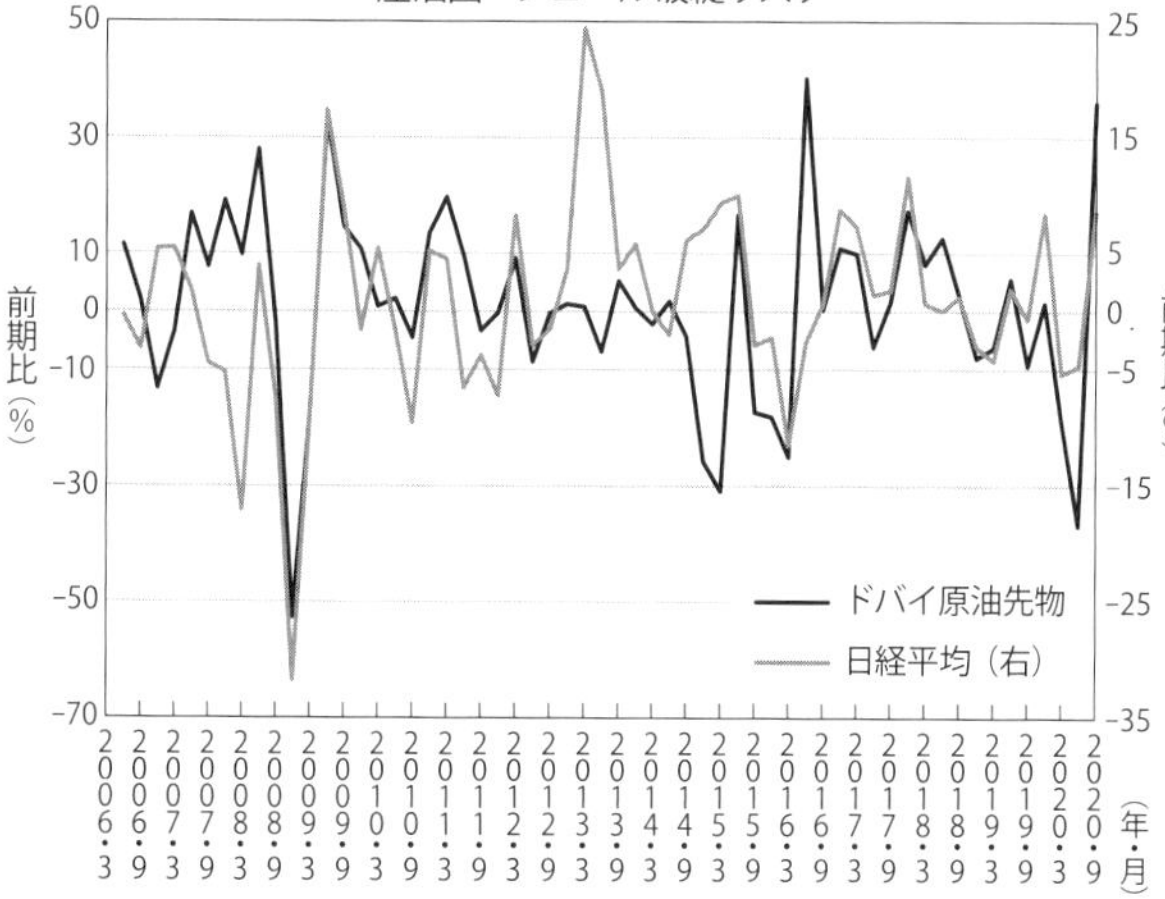

出所：トムソンロイター

常に難しい舵取りを迫られることになります。

さらに、最も警戒しなければいけないのが金融市場面のマイナスです。先ほども少し触れましたが、原油価格が下がると原油輸出国の通貨が大幅に低下する可能性があります。そうなると産油国の実体経済が悪化しますので、対外債務の返済能力に懸念が出るということです。

図４-９は原油価格と日経平均株価の変化率をみたものですが、やはり原油が下がる時には株価も下がりやすい関係があります。このため、直接的には原油価格の下落は所得面ではプラス

かもしれませんが、株価が下がること自体、間接的に経済に悪影響が及びますので、一概にプラスとはいえないということなのです。

適正な水準から少し下がる程度でしたらプラスが勝ると思いますが、コロナ・ショック後のようにマイナスの価格になるほどまで暴落してしまい、たとえば、シェール企業の破綻リスクや産油国の財政リスクが高まれば、必ずしもプラスではないでしょう。

特に今回は、感染リスクを避けるために人の移動が抑制されていますので、当然、移動するためのエネルギーもコロナ・ショック前より使わないわけです。海外旅行等に平気で行ける時であれば、原油価格が下がればかなりの恩恵が受けられたわけですが、パンデミックで、あまり飛行機も飛んでいませんので、その恩恵を受けにくいのです。

そういう意味で、少なくとも今回のコロナ・ショックの場合、原油価格の下落というのは悪影響のほうが大きいということになるでしょう。

原油価格が再び上昇するには

では、原油価格は今後どうなるのか、その見通しは、やはり新型コロナウイルスのゆくえ次第ということでしょう。

原油価格の最も重要な要素は、需給がどのように推移するかということです。価格というのは需給のバランスで決まってくるわけです。そこでＩＥＡ（国際エネルギー機関）は定期的に世界の原油需給バランスの予測を行っています。

図4-10　世界の原油需給バランス
～在庫は2020年末でも過去５年平均を上回る～

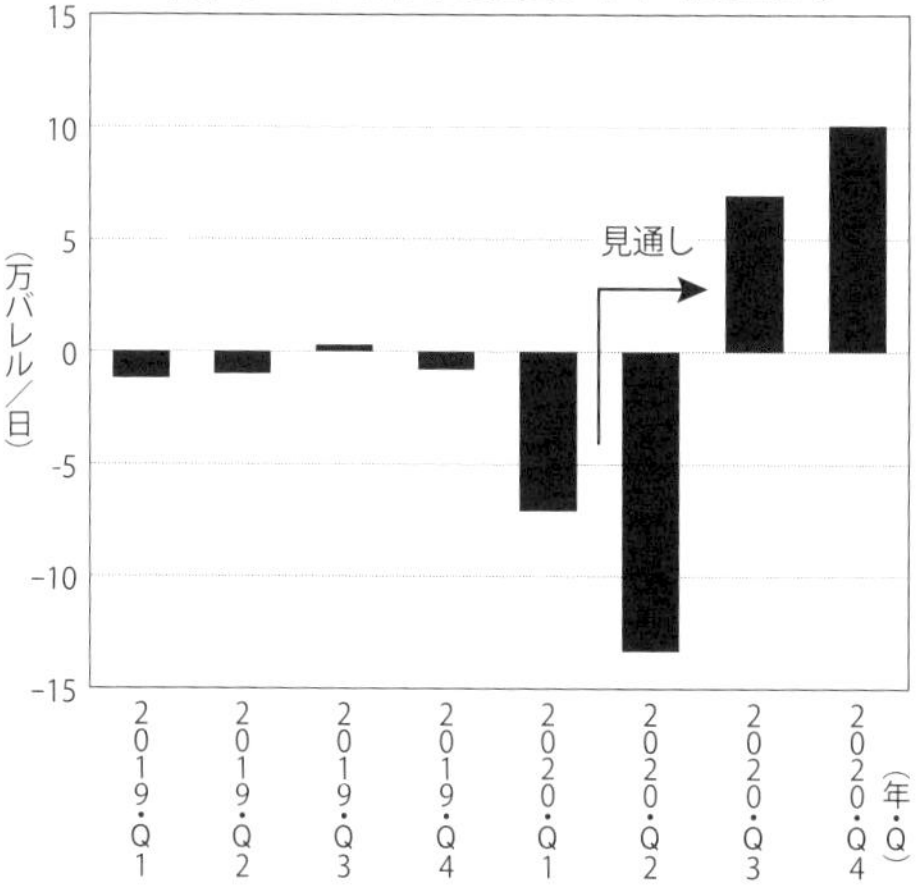

出所：ＩＥＡ　Q1：4-6月　Q2：7-9月　Q3：10-12月　Q4：1-3月

図４-10は、ＩＥＡの２０２０年４月時点での予測です。これをみると、需給バランスが最も崩れるのが２０２０年の７-９月期（Ｑ２）となっています。10-12月期（Ｑ３）以降は徐々に各国で経済活動が再開してくるということで、需要が供給を上回ると予測しています。また、需要が戻ってくる以上に減産の効果が出てくるということもあるでしょう。

先にも述べたＯＰＥＣプラスの４月の臨時会合では、５月から６月にかけて日量970万バレル、7月から12月にかけて日量770万バレル、2021年1月から22年4月まで日量580万バレルの協調減産に合意していますので、それを織り込んだ予測になっています。この減産を加味しても4－6月期は大幅な供給超過になりましたので、6月にかけて原油の製品在庫が急激に積み上がりました。

しかし、7月以降は徐々に各国の経済活動が再開して需要が回復してきたため、在庫も徐々に縮小しています。ただこの見通しでも、2020年の年度末時点での在庫は過去5年の平均を上回る水準にとどまるということですので、原油価格がコロナ・ショック前の元の水準に戻るというのはなかなか難しいところです。

在庫が急増すると当然、市場では、原油の貯蔵のキャパシティを超える恐れからコスト増の懸念も広がりますので、注意が必要です。先ほどもみたとおり、アメリカの在庫もそうとう水準が上がり、そのあたりが原油価格の下落要因になっていたからです。

図4－11は、IMFによる北海ブレントベースの原油価格の予測ですが、2020年も2021年も非常に低水準で、平均で40ドルを上回っていません。今後の見立てとしては、2020年の半ば以降、需要が若干回復すれば原油価格も多少は戻るとは思います。ただし在庫も高止まりすれば、この指標からも、年内に新型コロナウイルス感染拡大前の水準

まで戻すことは非常に難しいのではないかと思います。

ＩＭＦの予測というのは、７－９月頃には世界的に新型コロナウイルスが最悪期を脱しているという前提ですので、第２波がきて、また欧米各国がロックダウンになったりすれば、当然また下がってしまうでしょう。ＯＰＥＣプラスの枠に入っていない北米なども、生産調整がより強まるのではないかと思います。

図4-11　北海ブレント原油価格

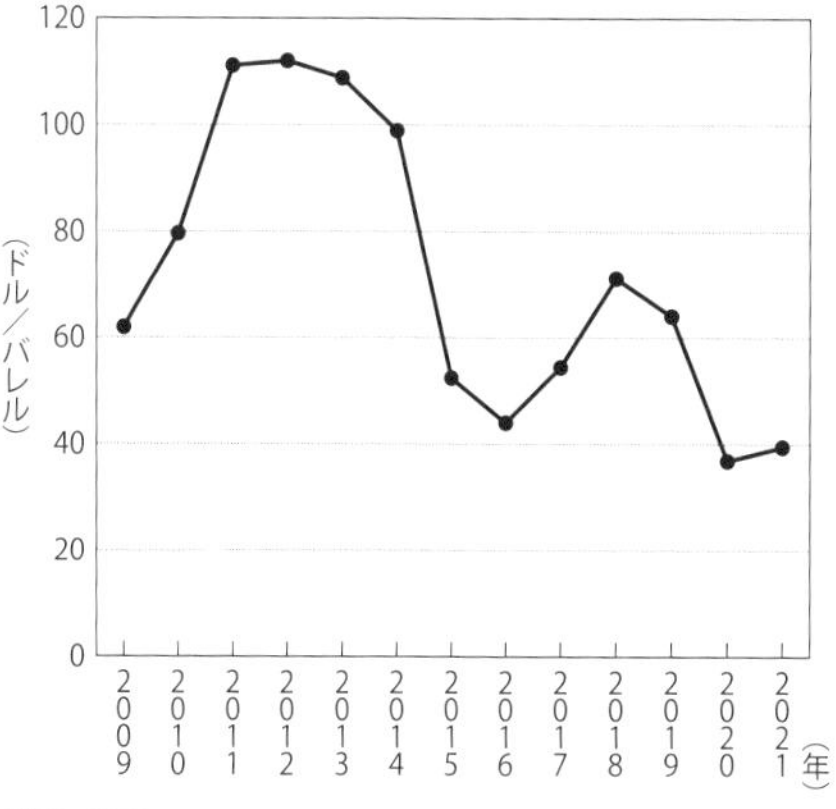

出所：IMF

コロナ・ショック後は、「ニュー・ノーマル（新常態）」になるといわれていますが、少なくともワクチンが世界中の人に普及して、恐怖感なしにこれまでのような経済活動ができるようになるまで、不況は長引くと思います。新型コロナウイルスの流行が順調に収束（終息）に向かうかどうかは、不透明感がある上に、これが再燃してしまうと原油価格が再び押し下げられることにもなります。

やはり新型コロナウイルスの流行が収束（終息）するかどうかによって、原油価格も大きく左右されるということでしょう。

第5章 人口減少と格差が広がる日本経済

明らかになったインバウンド・リスク

これまでアメリカ、中国、ヨーロッパ等、グローバルな話をしてきました。それらを踏まえて、もともと人口減少で格差が広がっている中で、コロナ・ショックが起こった日本経済が今後どうなるかをみていきたいと思います。

コロナ・ショックによって、まず明確に影響が出たのがインバウンドです。4月5月の外国人観光客数は前年比99・8パーセント減ですから、そうとう影響が大きかったわけです。**図5-1**は、これまでの訪日客の消費額を3か月ごとに示したデータです。

新型コロナウイルスが影響を及ぼす少し前から、日韓関係の悪化で韓国人観光客が少し減った影響が出ていました。そして、直近の2020年1月から3月の間で全体が一気に下がってしまったのです。去年はいずれの四半期もほぼ1・2兆円前後で推移しており、1年間のインバウンドの消費額は4・8兆円でした。それが今年に入ってからの3か月でほぼ10分の1まで下がり、さらに4月から6月は殆どゼロに近い状態になってしまうということです。

この部分がほぼ消滅すると、これだけでGDPベースで4兆円以上の需要が失われてし

図5-1　訪日客消費額

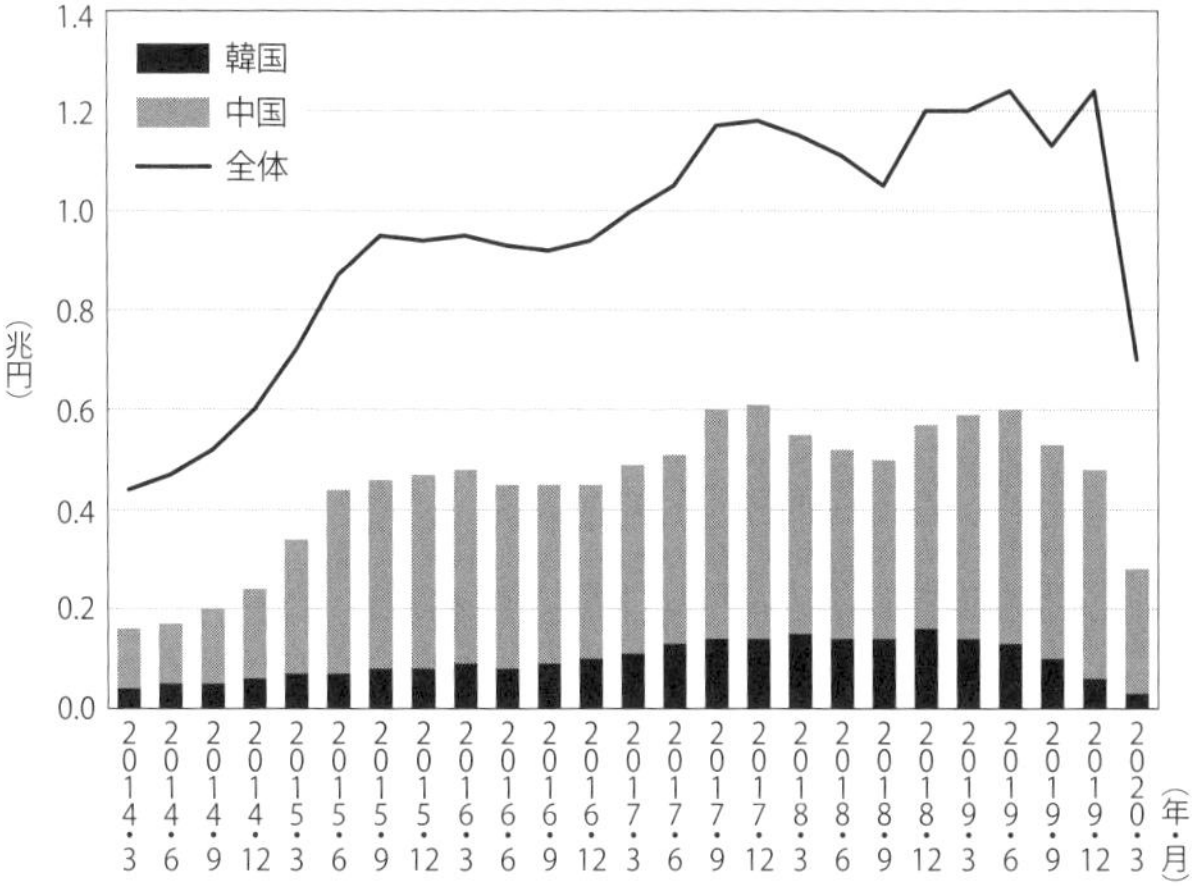

出所：観光庁

まうことになります。中でも中国人のウェイトが非常に大きく、消費額の4割弱を占めていました。

しかもコロナ・ショック後は中国人だけでなく、ほかの外国人訪問客もいませんから、そうなると4・8兆円の需要の蒸発という以上に深刻な影響が出てきます。背景には、それまで日本のインバウンドが急激に増えていたことがあります。2014年からわずか数年で3倍近くも増えています。これには、世界的に海外旅行のニーズが増えていることに加えて、インバウンドに力を入れるという日本の政策も大きかったのです。

インバウンドに頼っていたからダメな

んだ、という意見もありますが、じつは、それは間違いです。それまでの日本は、ほかの先進国に比べてむしろインバウンドが少なすぎたからです。外国人観光客も、2019年は3000万人を超えましたが、2012年までは1000万人にも達していなかったわけです。日本が特別なのではなく、むしろ日本だけが遅れていたのを海外並みにしようということでやってきたわけです。

このため、その政策自体は間違っていたとは思いません。その政策によって急激にインバウンドが増えたことで、特に地方では、インバウンドがなかったら廃業していたような企業や店舗が生き返ったわけです。

たとえば、大阪の南海電鉄沿線等では、インバウンド需要が増える前までは閑散としていた街が、関西国際空港へのアクセスもよいという利便性もあり、インバウンドが急激に増えたことによって活気が戻ったという話もあります。要は、瀕死の状況にあった街が、インバウンドによって急激に生き返ったわけです。それがまた急になくなったということがポイントなのです。そこが、リーマン・ショックとコロナ・ショックとの大きな違いです。

リーマン・ショックの時に最もダメージを受けたのは大企業の製造業でした。しかし世界的な大企業で体力もあったということで、あれだけ大きなダメージを受けても潰れなかったわけです。

しかし、お金の流れが止まったことによって実体経済が遅れて悪くなったリーマン・ショックに対して、今回のコロナ・ショックの特徴というのは、感染を抑えるために直接的にヒトやモノの動きを止めざるを得なくなったことでした。そうなると、最も影響を受けるのは中小のサービス産業です。そういうところは大企業に比べて体力がありませんので、倒産や廃業、失業等が増加し、地方経済の足を引っ張る要因になりかねないわけです。

もちろんこれは、インバウンドにはとどまらない話です。インバウンドが減っただけでも影響が大きいところに、緊急事態宣言で自粛を要請して経済活動を止めたわけですので、実際、ヒトやモノが動かないことによるダメージがいかに大きかったかということがわかります。それを表したのが**図5-2**です。

これは内閣府の「景気ウォッチャー調査」という統計の、業種別の2020年4月の現状判断指数です。現状判断指数というのは、景気の実感を敏感に肌で感じ取ることができる業界に勤めている人に調査して、景気の現状について「良くなる」「やや良くなる」「不変」「やや悪くなる」「悪くなる」の5段階で答えてもらうというものです。「良くなる」

図5-2　業種別現状判断指数（2020年４月）

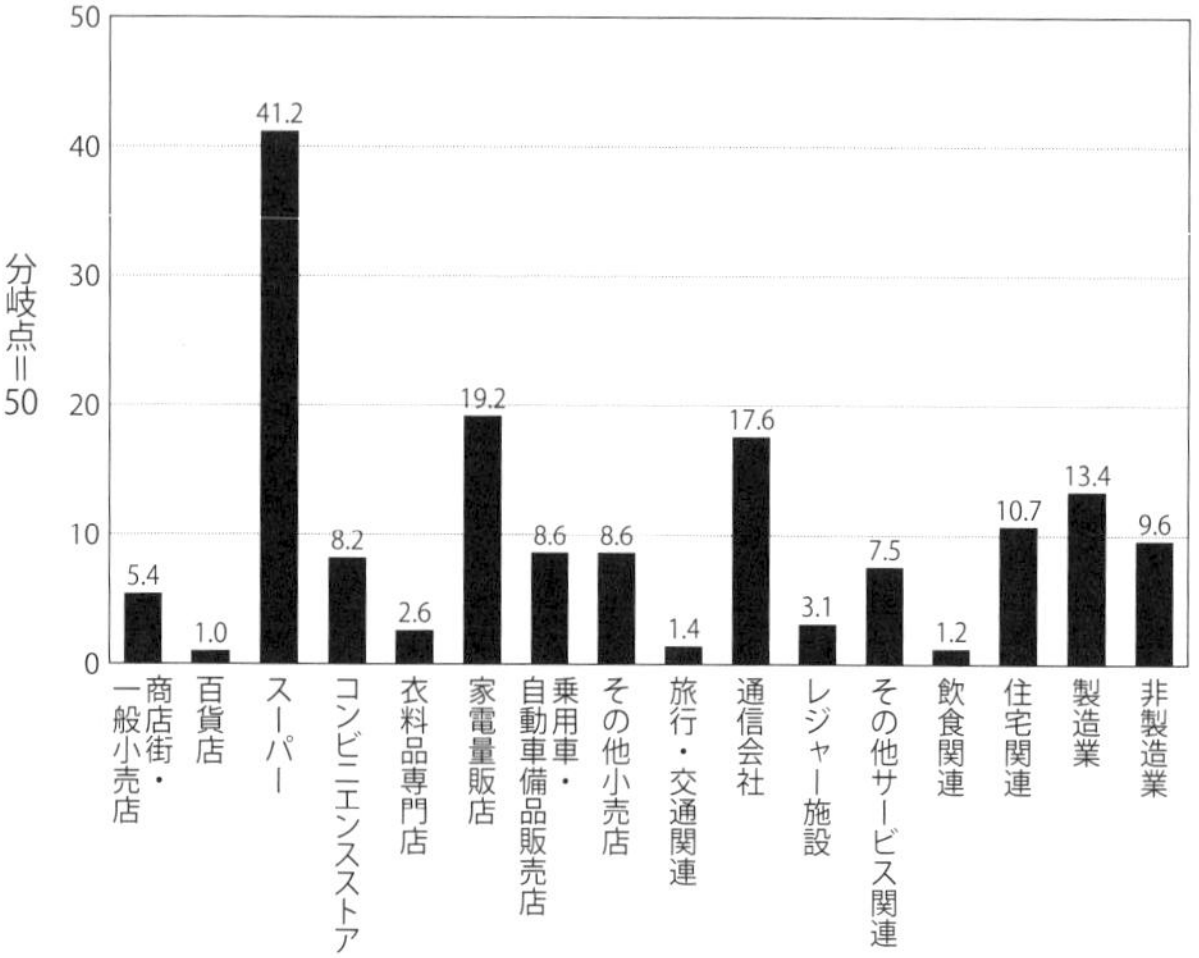

出所：内閣府「景気ウォッチャー調査」

という答えには１００、「やや良くなる」が75、「不変」が50、「やや悪くなる」が25、「悪くなる」がゼロというポイントをそれぞれ付けて、平均します。

通常は大体50から40のあたりになるのですが、緊急事態宣言が発令された4月は急激に悪化していることがわかります。自粛によって家食の特需を受けたスーパーだけが、唯一それなりの水準を保っていますが、あとは非常に低くなっています。

じつは、全体の平均も10を下回ったのです。それがどれだけ悪い数字かというと、たとえば、東日本大震災の時の最悪の数字ですら10以上あったのに、今回は10を下回ったということなのです。

中でも一番悪いのは百貨店です。百貨店は営業を止めていたことの影響が大きいからです。次が飲食関連となっており、夜の時間に営業できなかったことが大きいと思います。あとはやはり旅行・交通関連。次が衣料品専門店となります。外出しなくなったので、服を買わなくなったということでしょう。インバウンドを含め、人が動くことによって需要が発生する産業にとっては、やはりそうとう大きなダメージだったといえます。

延期によるオリンピック景気のゆくえ

そもそも日本経済は、２０１８年11月からすでに景気後退に入っていました。そこに消費増税、コロナ・ショックときて、三重苦になったわけです。それに加えてオリンピックが延期されたことで、四重苦になりました。

では、延期されたオリンピック景気のゆくえはどうなるのか。それを占うには、過去にオリンピックを開催した国の状況をみるのが参考になります。**図5‐3**は、１９８４年のロサンゼルスオリンピック以降２０１６年までに、夏季オリンピックを開催した国の平均株価騰落率です。**図5‐4**は、図５‐３と同様の時期の経済成長率を平均したものです。

図5-3　夏季五輪開催国の平均株価騰落率
～株価は開催前年がピーク～

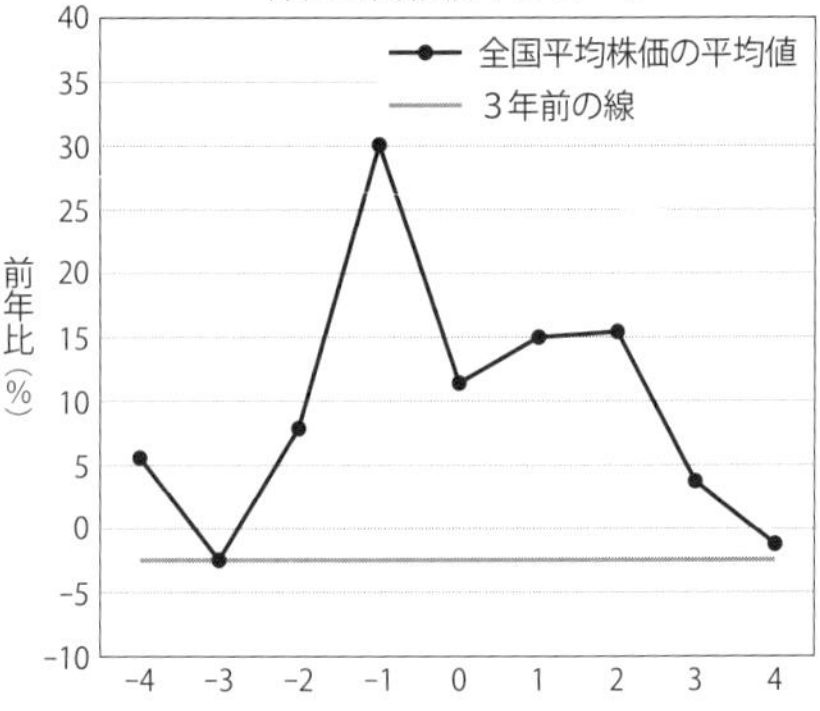

出所：トムソンロイター　（開催年＝0）

図5-4　夏季五輪開催国の経済成長率
～日本でも2019年までに7.5兆円の特需発生～

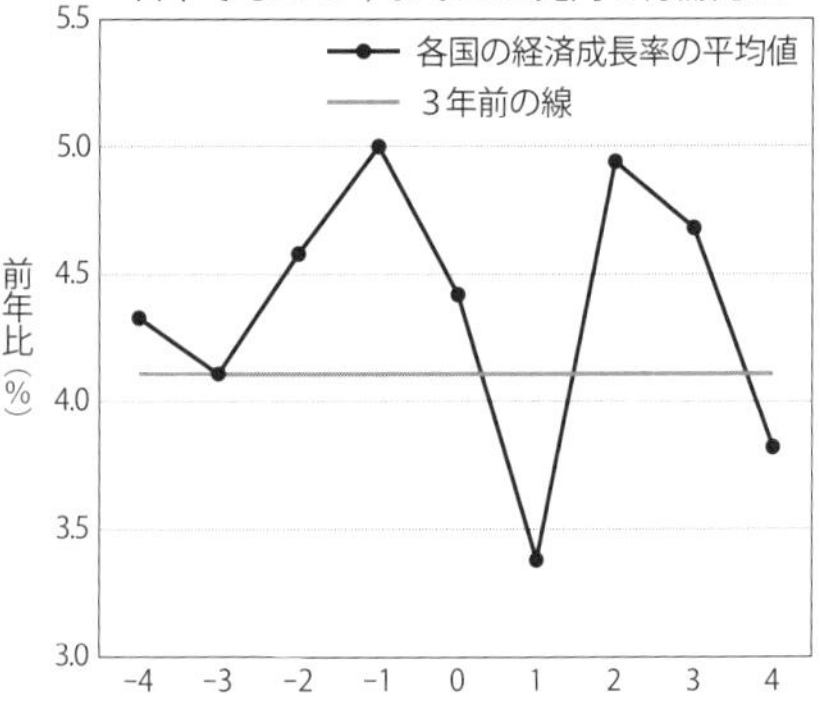

出所：IMF資料を基に作成　（開催年＝0）

いずれも3年前平均を伸ばした線が付してあります。オリンピック特需というものが明確に出てくるのはオリンピック開催のおよそ2年前からであり、1年前が最もプラス効果が大きくなっています。開催年も若干プラスになります。開催翌年は、特にGDPは反動が出て、大きく伸びが減速します。そのあと少し戻るのですが、これは悪くなった景気に対して経済対策を行った結果として戻ったということだと思います。

これをみても、オリンピック前は景気も株価も押し上げられる傾向にあることがわかります。このため、少なくともオリンピック開催年までに限れば、経済にプラスの効果をもたらしてきたわけです。

今回の日本でも、経済成長率に基づけば２０１９年までにＧＤＰベースで７・５兆円の特需がすでに発生していると試算されます。実際、東京都の関連経費や会計検査院の試算等によると、大会経費だけでも総額３兆円を超えるとされています。

となると、今後のゆくえを占ううえで重要なのは、２０２０年に、もし予定どおりにオリンピックが開催されていたら、ＧＤＰの押し上げ効果がどれくらいあったのかということです。

それを、図５－４をもとに日本の経済規模で計算すると、直近３年間で９・２兆円、開催年だけで１・７兆円となります。これを差し引きしますと、２０１９年までに７・５兆円程度のプラス効果が出ていたという計算になるのです。これはあくまでもＧＤＰの押し上げですので、これにいわゆる波及効果となる生産誘発分も含めれば、オリンピック全体で17兆円、開催年だけだと３・２兆円程度の効果があるということになります。

なぜ開催の前年までに8割以上の効果が出てしまうのか。それは、オリンピックで最も大きいプラス効果というのがインフラ整備だからです。インフラは開催のかなり前に整備しなければなりませんので、前の年が一番盛り上がるわけです。そして当然、開催年も効果が出ます。開催年の主な効果というのは、世界中から人々が訪れていろいろ観光したりお金を使ったりしてくれるという、まさにインバウンドの影響も含まれます。

このように、2020年に完全なかたちで開催された場合には、GDPを1・7兆円押し上げたはずのものが翌年にスライドするということは、1・7兆円分の今年のプラスがなくなったことになります。しかし、ただそれだけの話ではありません。

翌年開催されたとしても、2020年に完全なかたちで開催された場合ほどの効果は見込めない可能性があります。

経済財政諮問会議委員の一人は、ワクチンの開発次第では無観客の可能性もあると述べています。仮に無観客であっても開催されれば、たとえば、テレビなど耐久財の買い替えなども進みますので、それなりに効果は出ると思います。それでも押し上げ効果は0・4兆円くらいにしかならないと試算されます。

もちろん2021年、完全なかたちで開催できるのが最も望ましいわけですが、そのためにはやはりワクチンが普及しなければなりませんので、なかなか難しいと思います。

ただ可能であれば、無観客とはいわないまでも、海外から来る人は出発と到着の時にきちんと検査し、選手やスタッフには優先的にワクチンを打つとか、海外から観客が来られなくても、日本人には感染対策を十分に行って観戦を認めるようなことも考えられます。そうすれば、中止という最悪の事態は免れるのではないでしょうか。オリンピックというのは、物理的な効果だけではなく、国民心理的にも非常に大きな影響があります。

オリンピックは、サッカーのワールドカップと並んで世界の二大スポーツイベントです。開催国にとっては、スポーツ活動が活発化しますし、社会資本整備も進み、さらに開催地の知名度やイメージ向上が期待できます。加えて、市民がボランティアに参加したりして国際交流というところでもプラスに働くでしょう。

産業の需要拡大も期待できますので、やはりどのようなかたちであれ開催されるにこしたことはないでしょう。経済というものは気持ちで動く部分も大きいですから。ただ、もちろん新型コロナウイルスの感染の状況次第ではありますが、中止という最悪のシナリオだけは、ぜひとも避けてもらいたいところです。

日本経済に大きな影響を与えかねない円高リスク

今、コロナ・ショックで、世界恐慌以来の100年に一度の危機といわれているわりには、円高は進んでいません。日本経済にとって、私が警戒しているのが、先々の円高リスクです。

では、なぜ円高が進んでいないかというと、世界的な危機になると、基軸通貨であるドルの需要が高まるからでしょう。新興国は特にそうだと思いますが、基軸通貨のドルの、いわゆる〝Cash is king〟の動きが出ています。つまり、現金需要が非常に高まっているのです。

世界のさまざまなビジネスの決済では、特にドルのウェイトがかなり高いですから、ドルが価値を維持しており、対ドルで円高がそれほど進んでいないということです。ということは、これが少し正常に戻ってくれれば、本来のメカニズムで為替が変動する可能性があります。

では、本来のメカニズムとは何か。一般的にいわれているのは、為替レートは二国間の金利差で決まるため、二国間の金利差が縮小すると円高に振れやすくなるということです。

図5-5　**米日金利差とドル円レート**
～金利差で説明できない円安～

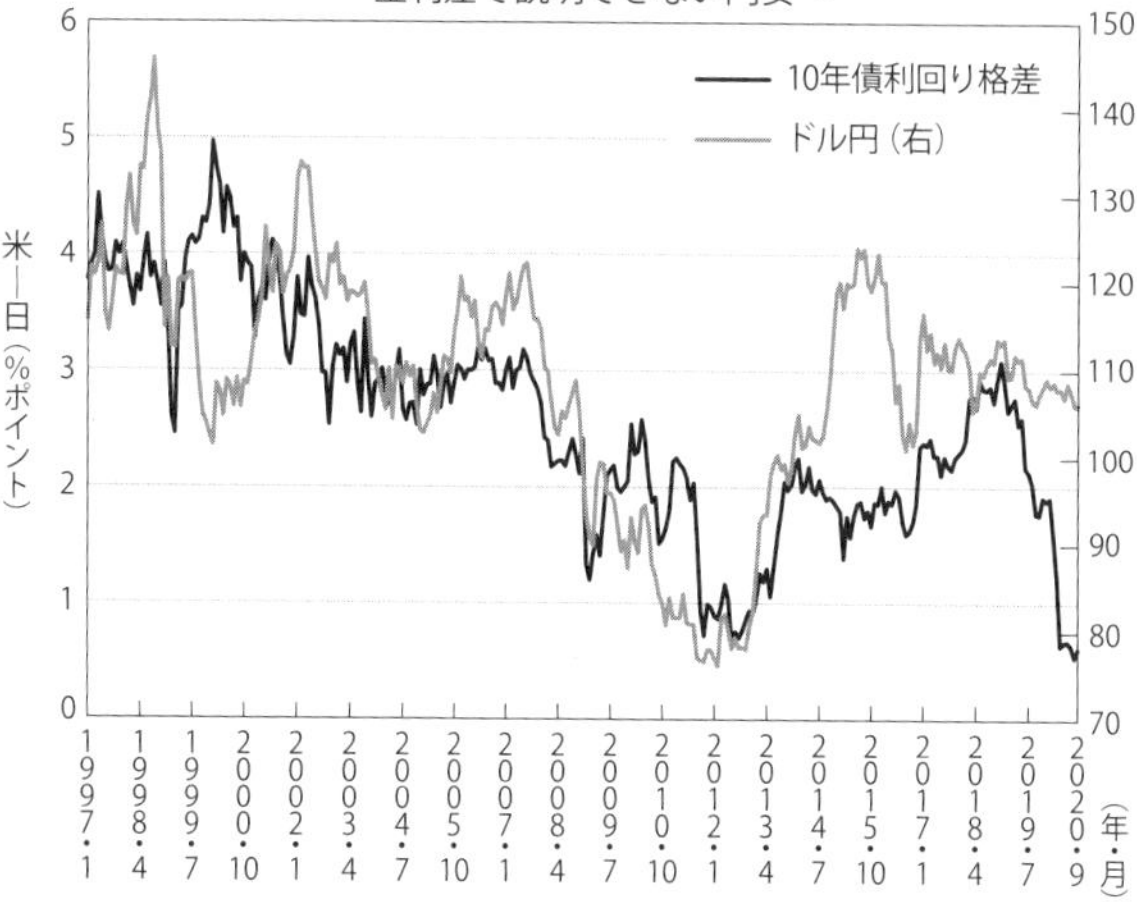

出所：FRB、日銀

実際にその金利差を表したのが**図5-5**です。これは10年債の利回り格差です。これをみると、２０１３年までは金利差で為替の変動が説明できますが、２０１４年以降はズレています。つまり、そこまで金利差がないのに円安が進んだのです。

この背景には、２０１２年11月に、いわゆる「近いうち解散」で金融緩和に前向きな安倍政権誕生の期待が高まり、実際に２０１３年４月以降に、いわゆる「黒田バズーカ」で量的・質的金融緩和という新たな金融政策を実施したことにより、さまざまな期待が高まったことがありました。２０１６年

1月のマイナス金利導入あたりから金融緩和に対する期待が萎む中で、少しずつ従来の金利差に近いところまで為替が収斂しつつあったのですが、コロナ・ショック以降は、10年債利回りの格差がかなり縮まっています。

これは、アメリカの金利が下がったのが理由です。コロナ・ショック以降の金利差は、過去の経験則でいえば1ドル80円割れくらいの金利差の水準です。これは、今後マーケットが正常化するにつれて有事のドル買い的な動きが弱まってくると、円高になる可能性があるということを示しています。

さらに、伝統的な利上げ利下げで金融政策をやっている時は金利差でほぼ為替を説明できました。しかし、特にリーマン・ショック以降は、コロナ・ショック以降のアメリカもそうですが、金利をゼロまで下げて、もうこれ以上は下げられないため、マネタリーベースを増やすという量的緩和政策をやっているのです。

そうすると、為替というのは量的な面でも動きますので、供給量が増える通貨のほうが安くなります。何でもそうですが、世の中に溢れているもののほうが価値が下がりやすくなるのです。

ですので、二国間のマネタリーベースの比率でも、為替はかなり説明できます。これに

図5-6　ソロスチャートとドル円
～マネーの量にも左右される～

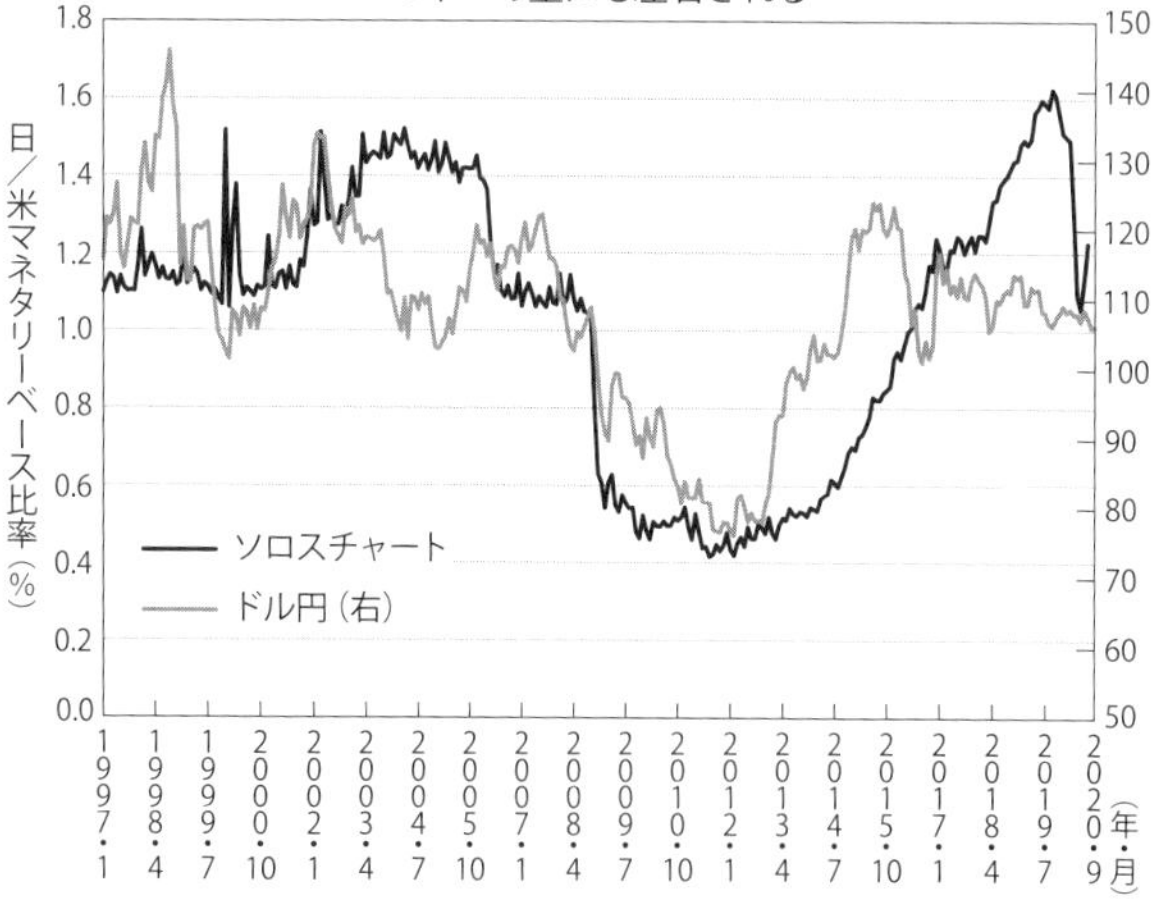

出所：FRB、日銀

は賛否両論があります。図5-6はソロスチャートといって、日本とアメリカのマネタリーベースの比率をみたものです。

日本のマネタリーベースが相対的に増えている時には円安ドル高になりやすく、アメリカのマネタリーベースのほうが増えている時には円高ドル安に振れやすいことになります。実際にこれをみると、コロナ・ショック以降、アメリカが急激に無制限で量的緩和を再開しているため鋭角的に下がっているのです。

こうしたことからも、今後も日銀がしっかり対応しないと、リーマン・ショック以降の円高の二の舞になる可能性があるので要注意です。

となると、日銀がもっとマネタリーベースを増やせばいいのではないか、ということになりますが、そう簡単にはいきません。日銀がどうやってマネタリーベースを増やしているかというと、銀行が持っている国債を買うことによって市中に資金を供給しているのです。

そうしてマネーを供給してきたわけですが、すでに日銀は市中にある日本国債の5割弱程度を買ってしまっています。民間の金融機関も、国債は担保にもなるので最低限の国債を持たなければならないため、その分がさらに必要になります。このため、もっと量を増やすには政府が財政政策で国債発行を増やさなければなりません。

さらにいうと、日銀は当初は量的・質的金融緩和で、マネタリーベースを年間50兆円から80兆円に増やす目標を掲げていたわけです。しかし、2016年1月のマイナス金利導入以降は目標が金利に変わっています。

そして2016年9月以降は、長短金利を操作して適切な水準を維持する、いわゆる「イールドカーブ・コントロール」で短期金利はマイナス0・1パーセント、10年債利回りはゼロ・プラスマイナス0・2パーセントに金利を抑えるとしています。そうすると何が起きるか。

政府が国債を大量に発行し、日銀が何もしなければ金利に上昇圧力がかかるため、日銀はその分国債を買えるわけです。つまり量を増やせるのです。逆に政府が国債発行を減らすと、金利に低下圧力がかかります。金利が下がりすぎマイナス幅が大きくなると金融機関への副作用が大きくなるため、日銀は国債を買えなくなってしまいます。つまり量を増やせなくなります。

そういう意味でも、このコロナ・ショックを克服するためには、これまで以上に政府と日銀の政策の協調的な動きというのが重要になってくると思います。

それがないと、アメリカとの金利差だけではなくマネタリーベースの差も大きくなり、より円高に振れやすくなる可能性があるからです。

財政政策のほうも、アメリカは２０２０年の４－６月期だけで、日本円に換算して３２０兆円も国債を発行しています。アメリカの経済規模は日本の４倍ですので、日本国債を80兆円も発行しているのと同等の規模ということになります。それに太刀打ちするためには、やはり政府と日銀の協調が重要だということです。

コロナ・ショックから回復しても内需は戻らない

次に長期的なリスクという視点からみると、仮にコロナ・ショックを克服したとしても、経済が安泰になるとは限らないということでしょう。

そもそもコロナ・ショック以前の問題として、日本は人口が減少しているので内需は戻りにくいのではないかという議論があります。そこをどう考えるかということですが、内需はやはり非常に厳しいというデータがあります。

じつは、これは人口減少だけが要因ではないのです。図5-7で「21世紀の三大ショック」と明記したように、21世紀になってから日本経済にとって三つの大きなショックがありました。1回目がリーマン・ショック、2回目が東日本大震災、3回目が5パーセントから8パーセントに上がった2014年4月の消費増税です。

このグラフは、2000年代後半以降の日本の個人消費の動きをみたものです。内需というのは、主に個人消費です。さらに、経済が元に戻ったかどうかを知るために、個人消費のトレンドを統計的に計算して載せています。

トレンドまで戻れば経済が元に戻ったと仮定すると、元に戻るまでに、リーマン・ショ

図5-7　21世紀の日本経済三大ショック
～リーマンで２年、震災で１年、増税で３年～

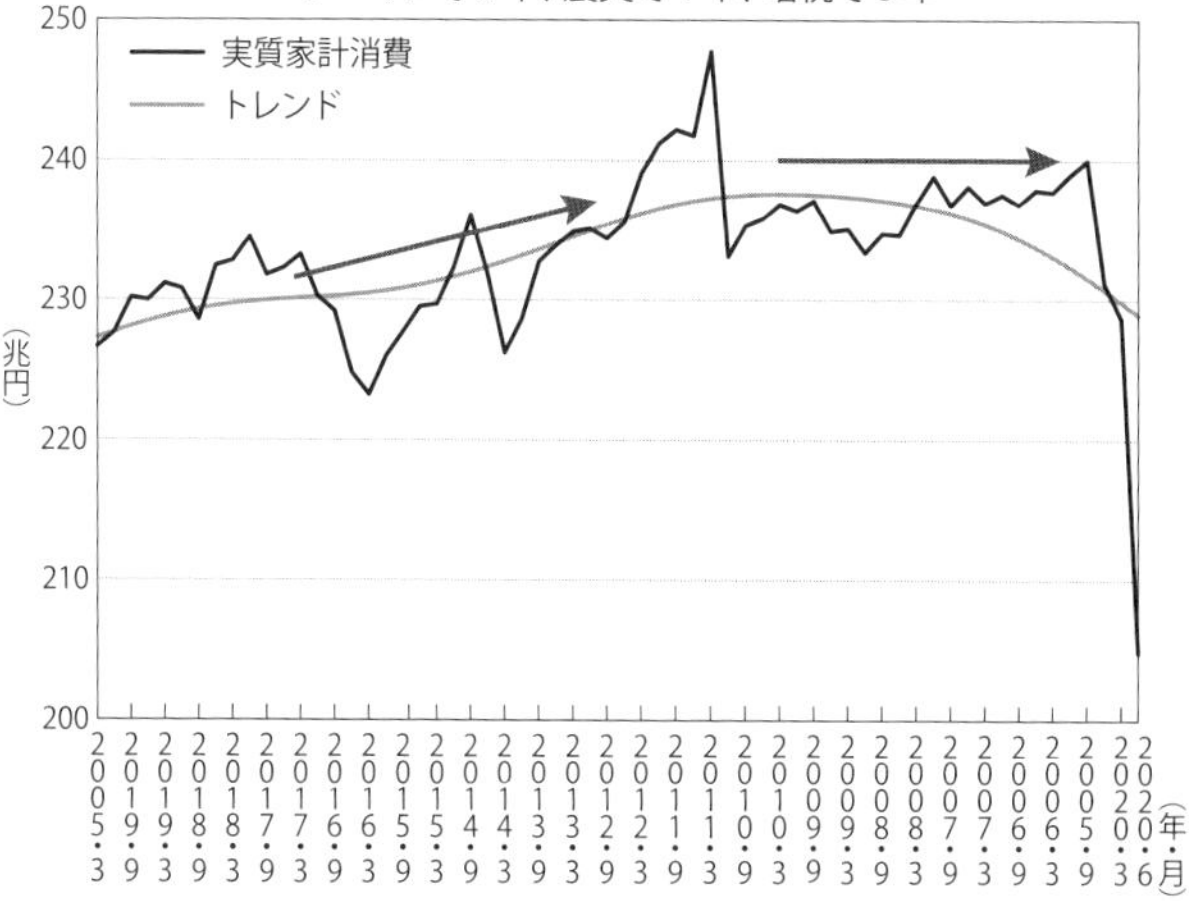

出所：内閣府

ックの時が2年、東日本大震災の時が1年かかっています。２０１４年の消費増税の時の落ち込みはリーマン・ショックや東日本大震災ほど大きくなかったのですが、戻るのに3年と、最も時間がかかっているのです。

かつ、このトレンドをみてもわかるとおり、消費増税前は、リーマン・ショックや東日本大震災があってもトレンドは上昇していたのです。ところが消費増税以降、トレンドが横を向いています。さらに10パーセントへの消費増税後は、下を向く傾向がみられるのです。

今回のコロナ・ショックの後、元に

戻るまでどれくらい時間がかかるかを考えると、カギを握るのは、ワクチンや特効薬がどのタイミングで普及するかということでしょう。政府の専門家会議が「新しい生活様式」ということを述べています。たとえば、飲食店では向かい合わせに座ってはいけないとか、隣同士で座っても席を空けなければいけないとかです。しかし、そんなことをまともにやると経営が成り立たない飲食店も出てくるでしょう。ワクチンや特効薬が普及するまでは、やはり感染リスクの恐怖感がありますので、旅行関連も元には戻らないでしょう。

そう考えると、２０１４年の消費増税の時ですら個人消費がトレンドに戻るのに３年かかっているわけですので、今回も少なくとも3年程度はかかると覚悟しておいたほうがいいでしょう。

それに加えて人口が減りますので、さらに大変だという話になりますが、経済成長は必ずしも人口だけで決まってくるものではありません。**図5-8**では、日本の潜在成長率と、実際の経済成長率を折れ線で表しています。

経済成長については「成長会計」という概念があります。一国の潜在的な経済成長は、基本的に三つの要素で決まってくるという考え方で、その一つめの要素が「労働投入量」です。

図5-8　日本の潜在成長率と経済成長率
～潜在成長率は資本と労働と生産性で決まる～

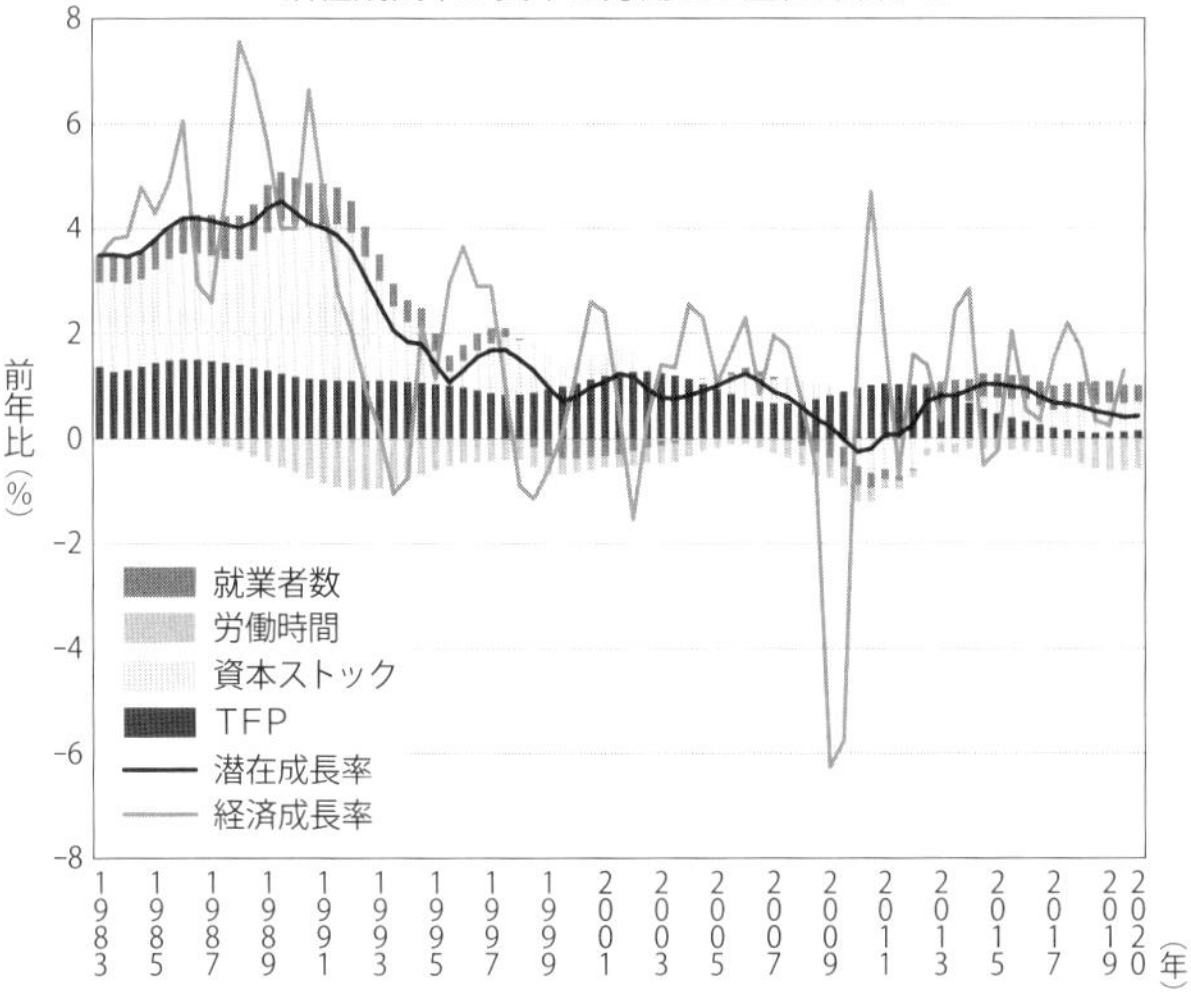

出所：日銀、内閣府

このグラフでは「就業者数」と「労働時間」を分けていますが、この二つを合わせたものが労働投入量です。二つめの要素が「資本投入量」で、ここでは「資本ストック」となっています。三つめの要素が「ＴＦＰ（total factor productivity、全要素生産性）」です。

　このグラフをみると、確かに経済成長は就業者数や労働時間だけで決まっているわけではありません。このため人口が減っても、人口以外の部分に伸ばす余地があります。よくいわれるようにＡＩ化やＩｏＴ等で生産性を高める設備

いったんコロナ・ショックでブレーキがかかるかもしれませんが、オンラインや通信のニーズは広がる可能性が高まります。

となると、防衛面を考えてサイバー攻撃を防ぐことや、宇宙等の新しい領域の防衛費を拡充する必要もあるでしょう。それから、後に述べますが、コロナ・ショックで格差が広がることが懸念されますので、貧困層への最低限の生活保障等、賢く財源を使う余地はいろいろあると思います。このため、そこを積極的にやっていく必要があります。

図5-8で経済成長率が需要側、潜在成長率が供給側と考えると、需要側のほうが先に動いているのがわかります。需要が下がると供給側である潜在成長が遅れて下がり、需要が盛り上がると潜在成長率が遅れて上がっています。

つまり、経済成長率が先行して動き、潜在成長率が遅れて動いているわけです。これは単純な話で、資本ストックというのは設備投資の蓄積ですので、景気がよくならないと設備投資は増えません。つまり、需要が戻ってこないと、供給力を強くするのは難しいということになります。

設備投資だけではなく、労働についてもやはり景気が戻ってこないと人々の働く意欲が湧かないため、供給面のところで労働力化する意欲を削いでしまいます。需要が戻ってくれば、働く意欲が増して労働供給も増えることになります。当然、資本と労働が増えれば生産性も上がってきます。

たとえば、供給能力が高い最高技術の駐車場をつくっても、クルマが入ってこなければ需要は顕在化しません。このように、経済が正常化するまでは需要が重要なのです。供給が重要になってくるのは、もっと経済が過熱してきた時です。そういう時に供給力を上げればいいのです。

今は、半ば強制的にリモートワーク等が進んでいます。そこだけを考えれば、移動しなくても仕事ができるということで効率化が進んでいますが、よくよく考えると、それによって飲食や交通（輸送）・不動産等、さまざまな需要が失われているわけです。

景気が過熱している時に、これらのことが起こるのであれば経済全体にとって望ましくなります。しかし、需要が喪失してしまった今のような状況でリモートによる効率化が進んでしまうと、むしろデフレ圧力を増幅させることにもなりかねないのです。

そういうことを考えますと、コロナ・ショックに対していかにニューノーマルな需要刺激策を打ち出せるかが、今後の経済成長を大きく左右すると思います。

ていました。

都市と地方の格差はさらに拡大する

2013年のアベノミクス以降、2019年までは地域の所得格差は縮小傾向をたどっていました。

図5-9は一人当たり県民所得の変動係数を示したものです。このグラフが上にいくほど格差が拡大し、下にいくほど縮小するとみると、今は少し縮小傾向にあります。縮小している背景のまず一つめとしては、アベノミクス以降にインバウンドが増えたことで、地方にもある程度、波及効果があったということが挙げられます。

「一人当たり県民所得」とは、企業所得も含めた県民一人当たりの所得であり、製造業や建設業等の第二次産業が、所得を牽引しています。しかし、必ずしも製造業で働いている人の給料が高いということではなく、製造業や建設業は生み出す付加価値が高いということです。

このためアベノミクスだけではなく、それまで公共事業を減らして地方が疲弊していたところに、東日本大震災後の復興需要で盛り上がり、それ以降は、ある程度の水準を維持してきたことが貢献しています。

図5-9　一人当たり県民所得の変動係数
〜地域所得格差は縮小傾向だった〜

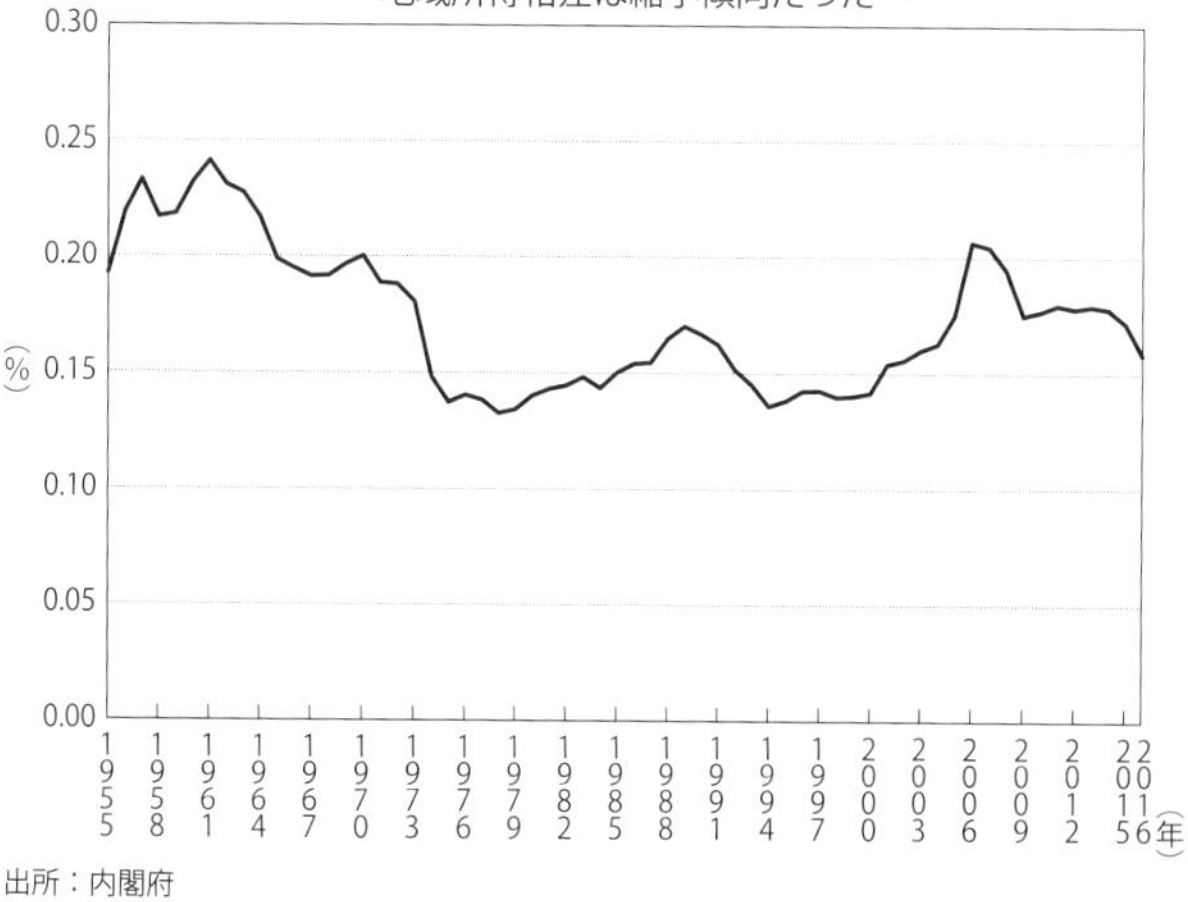

出所：内閣府

それに加えて、付加価値を生み出しやすい製造業の特化が進んだ地域が、東京との所得格差を縮小させている地域と概ね一致しています。具体的には、愛知、三重、静岡、栃木、滋賀等です。逆に、サービス関連産業が多い兵庫や大阪は拡大しています。

ただ、インバウンドはすぐには戻りませんので、これまで格差が縮小してきたからといって、今後も縮小が続くかというと、かなり微妙だと思います。その一方で、今回のコロナ・ショックを受けて、東京一極集中が緩和するのではないかという声も聞かれます。東京都心は感染リスクが高く、仕事はリモートでできるため地方の不動産が売れているという話もあります。本当にこういうことが進めば、必ずしも格差が拡大するとは限らないでしょう。

ただ、格差といっても所得だけではなく、人口の格差が大きいことには注意が必要でしょう。**図5-10**は、国立社会保障・人口問題研究所による地域別総人口指数の予測です。２０１５年を１００として、２０３０年、２０４５年にどうなるのかをみると、南関東ですら95に下がっていますが、やはり南関東はほかの地域とは人口の減り方が著しく違っています。最も厳しいのは東北です。コロナ・ショック後はわかりませんが、少なくともこの予測のままだと人口格差が拡大する可能性があるということです。

図5-10　地域別総人口指数（予測）
～このままだと人口格差拡大～

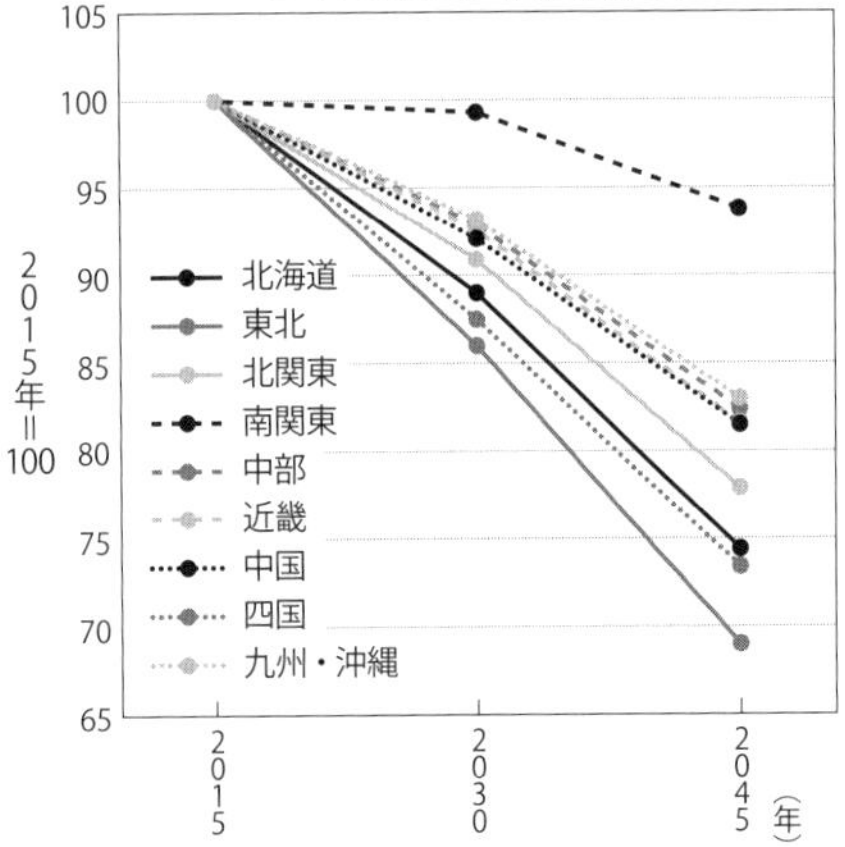

出所：国立社会保障・人口問題研究所

このため、格差の拡大をできるだけ抑え込むためには、各自治体も、先ほど指摘したような、生み出す付加価値が大きい製造業のウェイトを高めたり、農林水産業やサービス業でも、ＩＴ化を進めて生産性を高めることが非常に重要になってくると思います。ただ、それを全て自治体でやるのは難しいですから、たとえば、地方創生の特区などを利用してもいいと思います。

今まで地方自治体は、行政面について国に依存していた部分がかなりあったのですが、今回、コロナ・ショックが起きて国に相当な負担がかかってしまいました。それで国の対応が遅れている間に、各自治体が自主的に新型コロナウイルスに向けた対策をとるなどしました。有事ということもあり、特に北海道や大阪、愛知は目立っており、自治体ごとに対策の差はかなり出てきていると思います。

そうなるとコロナ・ショックが、各自治体が地方分権を進めるきっかけになるかもしれません。そういった意味では、地方交付税交付金を増やすことも財政政策の一つになり得ます。さらには、アメリカでは中央銀行であるＦＲＢが地方債を買うなどしているのも参考になります。

日本でも、地方が国から交付金を貰うだけのおんぶに抱っこではなくて、自主的に地方債を発行する仕組みや日銀がある程度それを購入するという後ろ盾をすれば、自治体がもっと積極的に資金調達して、地方創生のさまざまな政策を自主的にできる仕組みを作ることも考えられると思います。

多くの誤解がある財政規律と社会保障

先ほどから財政政策が非常に重要だとの指摘をしていますが、一方で、政府はプライマリーバランス（基礎的財政収支。主に税収で必要な政策を実行する経費を賄えているかということ）の黒字化を目指しています。

何回か延期されてきましたが、今のところ2025年の黒字化を目指すことになっています。しかし、今回のコロナ・ショックでいったん棚上げになるでしょう。そもそも、なぜプライマリーバランスを黒字化しなければならないのかを考えれば、私はプライマリーバランスの黒字化は、そこまで重要だとは思っていません。むしろ、そこには多くの誤解があると考えています。

プライマリーバランスの黒字化が必要だとの主張は、プライマリーバランスを黒字化させないと、どこかのタイミングで国の財政の信任が失われて、国債が売られ、金利が跳ね上がって通貨が暴落するということです。

図5-11　G7諸国のプライマリーバランス
～独・伊は黒字だった～

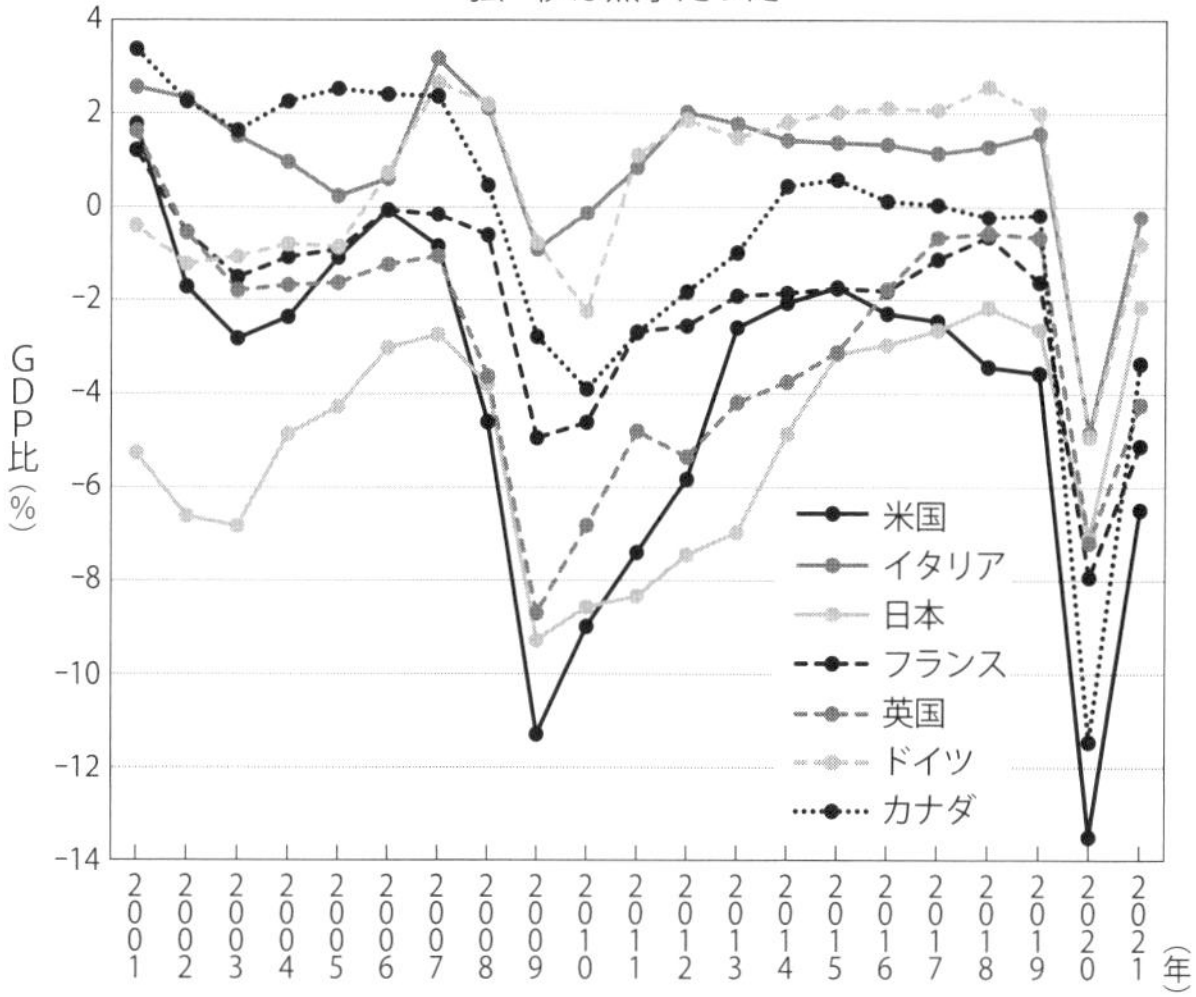

出所：IMF、2020年以降は見通し

そういったことは昔からいわれてきましたが、では、実際にそのような事態は起きてきたでしょうか。むしろ金利はずっと下がり続けてマイナスになっています。じつは、市場関係者の間でも、2025年にプライマリーバランスの黒字化を達成できると思っている人は殆どいませんでした。

図5-11はG7のプライマリーバランスを示したグラフです。2020年の大きな落ち込みは全てコロナ・ショックの影響ですが、その前でみても、黒字化を達成しているのはドイツとイタリアだけ

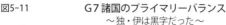

でした。カナダはほぼゼロですが、ほかの4か国は赤字です。

では、それで何か問題が起きたのかというと、何も起きていません。さらに、G7で最も財政リスクが高いイタリアがプラスであるということからしても、プライマリーバランスの黒字化と財政リスクとはイコールではないことがわかると思います。

これはG7諸国ではありませんが、近年、事実上の財政破綻をした国はギリシャとアルゼンチンの2か国ありました。いずれも財政が悪化してIMFによる融資と引き換えに厳しい財政削減を求められ、プライマリーバランスを黒字化させようとして無理やり歳出カットをして、景気が悪くなりすぎました。それで事実上の財政破綻になったわけです。

日本の場合は、自国通貨建ての国債を発行している中央銀行がありますので、そういう意味での財政破綻のリスクはないのですが、ギリシャの場合は、ユーロ圏に入っていますし、アルゼンチンも自国通貨建ての国債を発行できないため、破綻してしまったわけです。

日本はむしろプライマリーバランスや財政規律を意識しすぎて、いつまで経ってもデフレから脱却できずにいます。財政規律を守りすぎたことが、これまでの日本経済の低迷につながっているともいえます。

政府債務のことをいえば、情報番組などで「将来世代につけを回す」とよく指摘を受けますが、ここには誤解があります。

政府債務を家計にたとえるから返さなければと思うわけですが、企業で考えたらどうなるか。企業というのは、常時債務を抱えている経済主体です。これと同様に政府が債務を抱えているのは通常のことなのです。なぜ通常かというと、国は永続するからです。

問題が生じるのは、経済が正常化した場合です。主流の経済学に基づけば、経済が正常化してもプライマリーバランスを均衡させずに財政赤字が膨らみ続けると、それが金利の上昇に結びつきます。その結果、自国通貨高になると、経済の足を引っ張ってしまいます。そういう時は、やはり財政を緊縮化して経済の過熱を冷まし、赤字を縮小しなければなりません。

しかし、今後、日本の景気がそれほどよくなることは、もう基本的にはないのかもしれません――。繰り返しになりますが、経済が正常化するタイミングで政府の借金が多いと金利が上がりますので、そういう時期には財政赤字を減らさなければいけません。しかし、コロナ・ショックのような有事の時は、むしろ財政規律を棚上げして、経済を正常化させるほうを優先させたほうがいいでしょう。つまり、順番ということです。経済が正常化してから財政規律を考えればいいのです。

先に述べたように、ギリシャやアルゼンチンと日本との違いは、独自の中央銀行を持って自国通貨建ての国債を発行しているかいないかということですが、別の側面でいうと、経常収支の状況が違うということもあります。過去を振り返っても、財政破綻した国というのはいずれも経常赤字でしたが、日本の場合は圧倒的に経常黒字なのです。

結局、今どういうことが起きているかというと、コロナ・ショックで需要が萎縮しているため、企業も家計もこれまで以上にお金を貯め込むわけです。そして、金利というのはお金の需給で決まってきますので、そこで政府がお金を使わないと、お金が余ります。そうなると、結局、借り手がいないので、景気に中立的な金利水準が大幅なマイナスになってしまうわけです。

でも、金融政策というのは、金利をそこまでマイナスにはできませんので、こういう時はまず政府が呼び水でお金を使うことによって、中立的な金利をある程度水面上に持っていかないと物事が始まらないのです。

そのために、いろいろな財政出動が必要になるわけです。逆にいうと、正常化した後に財政出動をやりすぎると、金利が上がって円高になって景気の足を引っ張ってしまいますので、そこは財政規律を意識しなければいけません。

結局、日銀はいくらでも通貨を発行して国債を買えるのですから、財政破綻というのはあり得ません。しかし、それだけ大量にマネーを供給すると円の価値が暴落してしまうというリスクがあります。しかし、そもそも為替というのは二国間の通貨の交換比率ですから、相対的なものです。

今は有事で、どこの国でも経済が大きく傷ついていますので、借金を増やして財政出動をしています。となると、他国も日本と同じように財政出動をしているため、円だけ暴落することはあり得ません。むしろ先にも述べたように、経済が正常化したあとに金利差が要因で円高になってしまうリスクのほうが高いのです。

実際、アメリカの多くの主流派経済学者は、「日本はこれまで財政規律を意識しすぎて臆病になり、大胆な行動ができなかったから本格的なデフレ脱却を実現できていないんだ」と指摘しています。経済が正常化すれば、当然、出口に向かって増税できる環境になるからということでしょう。

ヒトは、ケガをしても、擦り傷であればそこにカサブタができます。そのうちカサブタが固まって、剝がれて元に戻るわけです。しかし、日本の場合は、バブル崩壊以降、カサブタが固まる前に無理やり剝がすことを繰り返してきたため、いつまでたってもケガは治

図5-12　**日本の社会保障給付費の実績と推計**
〜 2015年時点で政府推計より4.9兆円減 〜

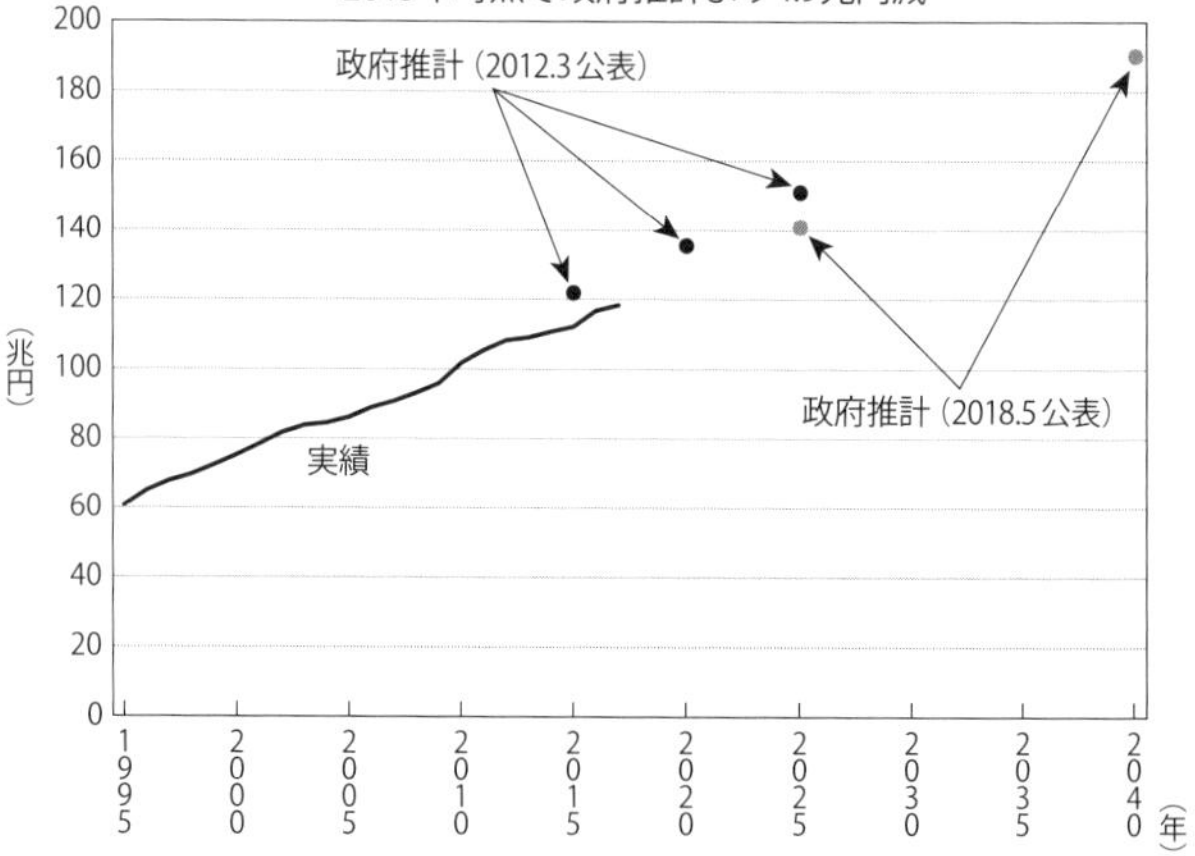

出所：厚生労働省、財務省、内閣府

っていません。経済が正常化する前に財政を締めてしまったため、なかなか正常化には向かわなかったのです。

一方、社会保障費は今後も増えていきますので、社会保障を賄うための財政支出については野放図に出すのではなく、やはり考えなければいけません。ただ社会保障費についても、世間一般にいわれるほど状況が悪化しているわけではなくて、じつは少しずつ効率化が進んでいるのです。

図5-12は社会保障給付費の実績を、2012年3月当時の野田内閣が示した社会保障給付費の政府推計と比較したも

のです。２０１２年３月というのは、民主党政権が社会保障と税の一体改革法案を出した時で、８月には２０１５年までに消費税を２回に分けて10パーセントにすると決められました。

その時の政府推計が●印のところです。それに対して実際はどうだったかというと、実績を示した線が社会保障給付費ですが、これをみてもわかるとおり２０１５年時点で下振れしています。２０１２年３月から３年しか経っていないのに、実績が政府推計より４・９兆円も下振れしているのです。

つまり、効率化が進んでいるということです。なぜ下振れしたかというと、いくつか要因があります。まず、それまで日本経済はデフレだったにもかかわらず年金給付額が減額されていなかったため、マクロスライド方式によって、給付水準を適正額まで一気に減らしたということです。また、アベノミクスで景気が良くなったことで失業保険の給付が減りました。

そのほか、高額薬剤の利用が減少してジェネリックの利用率が上昇したことや、薬価の引き下げ等による医療費の抑制も効いているようです。ただし、年金給付については減額を進めていなければ、もっと貰えていたはずの年金が貰えていないという側面もあるわけです。

アベノミクスの最大の失敗は、消費税を5パーセントから8パーセントに上げた3回目の消費増税をやってしまったことではないかとする向きもあります。

あの時、消費増税に伴う国民の負担増は8兆円強でしたが、同じタイミングで社会保障給付費が4・9兆円も抑制されていたわけですから、結局、家計に回るはずの約13兆円が抑制されたともいえます。異次元と呼ばれるほどの金融緩和をやって公共事業もそれなりに維持したのに、経済が正常化しなかったのは、やはり消費増税が足を引っ張ったのではないかと思われます。

さらにいうと、社会保障の効率化では、特に医療費が重要です。2018年5月に公表された政府推計の見通しどおりに社会保障給付費が増えると仮定すると、その4割程度が医療費の増加で説明できます。それに対して、政府はどのようなことをやろうとしているのでしょうか。

たとえば高齢者の方々の過剰診療という問題があります。このため、過剰な診療を抑制したり、市販されている薬は医者から処方されても保険適用外にすること等が検討されています。ジェネリックの利用率をさらに高めるなど、やれることはまだまだたくさんあります。

また、今回のコロナ・ショックの給付金で海外に後れをとったのは、マイナンバーが銀行口座と紐づけされていないことでした。マイナンバーの銀行口座との紐づけを義務化して資産を把握できれば、75歳以上の後期高齢者でも裕福な人は医療費の負担を増やして、1割負担を2割負担にできます。収入が少なくても、巨額の金融資産を保有している高齢者は生活に困らないわけですので、そういう方には医療費を多めに負担してもらうというところにもメスを入れる余地はあると考えられています。

このため、安易に増税するのではなく、医療費を中心とした社会保障の効率化を行うほうが重要でしょう。結局、増税したり過度に財政不安を煽りすぎると、余計に消費者の財布の紐は締まってしまいますので、かえって財政に悪影響を及ぼしてしまう可能性もあります。年金についても、私たちが日ごろ払っている消費税が公的年金の原資になっていることは、一般にはあまり浸透していません。

サラリーマンの場合、年金保険料をほぼ強制的に払わされていますが、そうではない人の中には、「どうせ、歳を食った時に貰えないだろうから払わない」という人がいます。しかし年金保険料を払わなくても、日ごろ消費税で払っているわけです。それなのに年金保険料を払わなければ公的年金の受給資格を失ってしまうわけですので、これはもったいないと思います。

さらに、よくいわれる２０２２年問題というのも誤解があります。団塊の世代が後期高齢者入りする２０２２年には社会保障給付費が急激に増えるといわれていますが、そんなことはありません。団塊世代の年金だけで考えるとそうなるのですが、医療費等も全て含めると、シニアの人口の伸びが非常に重要になるのです。

じつは、２０２０年代というのは、シニア全体でみた人口の伸び率が低下する局面なのです。このため団塊世代が後期高齢者入りしても、そこだけで医療費が一気に上がるわけではなく、むしろ人口の伸びの鈍化が押し下げに効いてくるため、社会保障給付費が伸びにくくなるという側面もあるのです。

たとえば、財務省の推計などで75歳以上の医療費を計算する場合、75歳以上のすべての人を平均した一人当たり医療費を前提に数字を出しているので、75歳になると急に上がるような印象を受けますが、実際には75歳で急激に上がるわけではありません。

このように、社会保障や税金の取り方というのはいろいろありますので、安易に消費増税を行うのではなく、いろいろなやり方を工夫してほしいものです。

私も、増税は永遠に必要ないとか財政規律は関係ないとかいっているわけではありません。先にも述べたとおり、経済が正常化すれば増税する余裕が出てくるわけです。OECD加盟国の消費税の平均は19パーセント程度ですので、将来的に経済が正常化すれば、日本も同程度に上げていく余地はあると思っています。

ヨーロッパなどの消費税率は20パーセントくらいあるのだから、日本も上げるべきという意見もあります。しかし、その20パーセントの消費税引き上げの歴史を振り返りますと、一気に3パーセントも上げたケースは殆どありません。少しずつ上げているのです。

2014年の消費増税で3パーセント上げたのが失敗だというのはそういうことであって、上げ方が問題なのです。このため、とりあえず経済が正常化するまでは財政規律はいったん棚上げしましょうということです。

所得格差の固定化で少子化は加速する

一般的に所得格差の拡大は、単身の高齢者世帯が増えたことによって、低所得世帯が増加したためと指摘されています。しかし、各世帯の年齢構成や就業状況がわからないため、所得格差の現状が捉えにくいということがあるようです。

図5-13　日本の相対的貧困率（2012年）
〜若年層・一人親世帯で高い〜

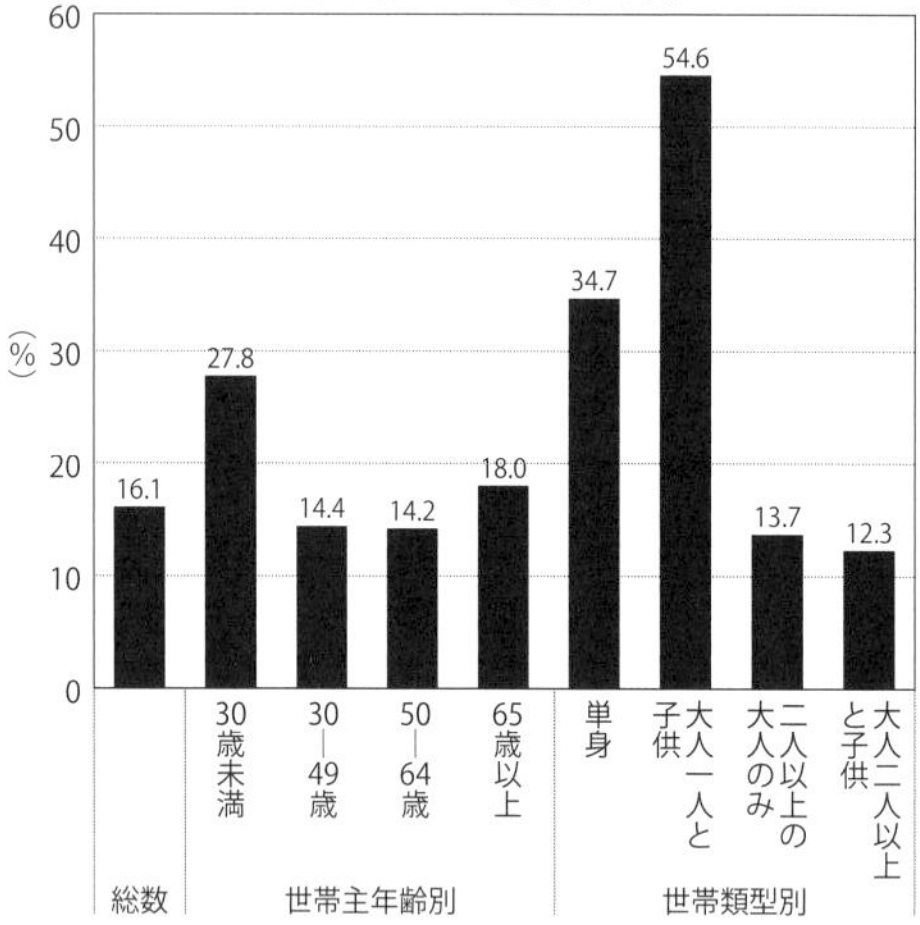

出所：国民生活基本調査

では、実際はどうなのでしょうか。図**5-13**をみると、相対的貧困（世帯の所得が可処分所得の中央値の半分に満たない）率が高いのは、世帯主の年齢別でいうと「30歳未満」の若年層世帯となっています。そして、世帯類型別でみると、これはかなり衝撃的な数字ですが「大人一人と子供」世帯の相対的な貧困率が非常に高くなっています。つまり、これは一人親世帯、いわゆるシングルマザー（ファザー）の世帯です。

このようなデータから推測すると、高齢者層というよりも若年層で、単身世帯とシングルマザー（ファザー）世帯で、貧困化が起きていることになります。

では、格差の何が問題なのかというと、教育・学歴・情報格差に波及して、社会的に格差が拡大するという、まさに格差の固定化が起きるからです。所得だけではなく、幅広い知的な格差の拡大と固定化が懸念されています。特に若年層で経済的・社会的な格差が拡大すると、その世代内や次世代に継承されてしまい、非常に重大な問題に発展する可能性があります。

ただ、だからといって、完全に格差をなくして社会主義のようになってしまうと、それはそれで問題であり、経済成長のためにも一定の競争環境下での適度な格差はやはり必要だと思います。このため、シングルマザー（ファザー）のような「大人一人と子供」世帯の過度に不合理な格差を是正して、そういう現役世代が意欲的に働くことが可能な社会を構築することが、やはり重要なのでしょう。

では、格差の固定化に対して、どのような方策が求められるのかというと、過度な賃金格差の解消や、女性や高齢者など多様な人材の労働参加率を高めることが、恐らく格差の是正につながり、所得の増加にもつながると思います。

そうなれば、家計消費が潤って雇用や生活の不安が緩和され、人々の家族形成の意欲も向上します。場合によっては出生率の改善にもつながるかもしれません。いろいろな課題が解消され、進学や就職といった場面で人々が自由にチャレンジできる機会が増えれば、

図5-14　雇用形態別未婚率（2010年）

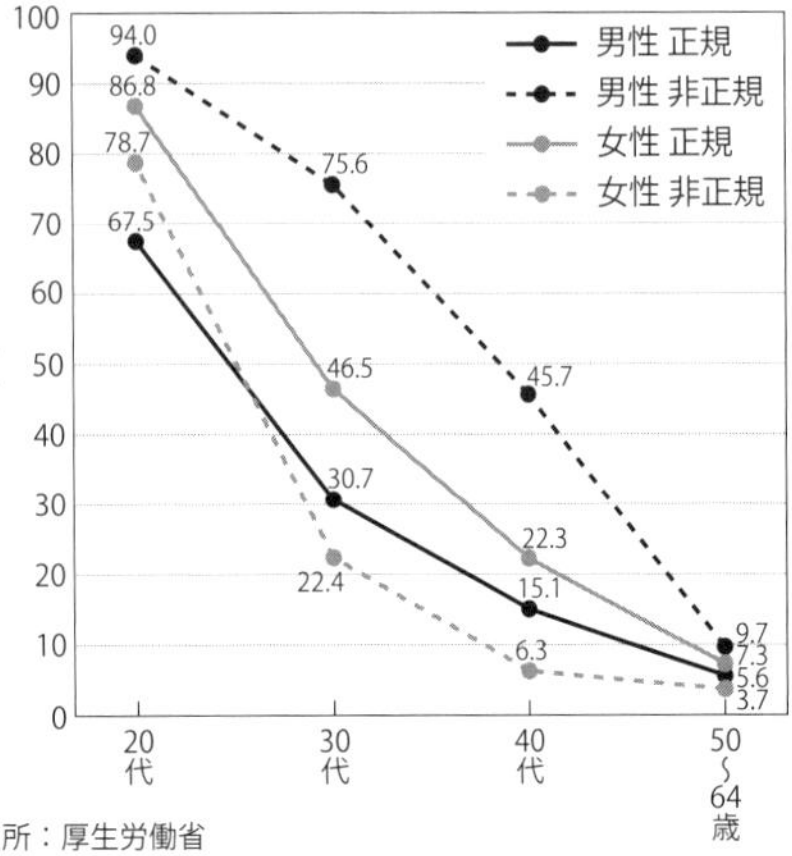

出所：厚生労働省

人材の能力活用にもなりますので、イノベーションの発展にもつながるのではないかと思います。

図5-14は、雇用形態別の未婚率（2010年）です。少し古いデータですが、特に「男性非正規」で非常に未婚率が高いことがわかります。この格差があまりに広がると、少子化につながってしまうかもしれません。

もう一つ、今回のコロナ・ショックを契機にオンライン化、リモート化、IT化などがより加速し、技術革新も非常に早まるでしょう。

そうなると、そもそもオンラインが使えるか使えないかで格差が広がっていきます。AIやIT化がさらに進むと、定型の業務はAIやITに代替されますので、中間所得層の職務が奪われる可能性があります。労働を肉体労働・事務労働・知的労働と分けて考えると、中間の事務労働がなくなってしまうため二分化することになります。つまり、全ての世代で所得格差の二極化がさらに加速する可能性があるということです。

すなわち、コロナ・ショックでさらに加速するＡＩやＩＴ化の影響により、情報格差による賃金格差が拡大することが懸念されます。

リモートワークやテレワークも、さらに進むでしょう。私はこれにも格差があると考えています。つまり、今まで仕事に対する姿勢で「頑張っています」アピールをしていたような人たちがアピールしにくくなり、成果によって評価される時代になるということです。社内で「やってる感」を出したり、上司のいうことをよく聞いてサービス残業するといったようなことがさらに評価されなくなり、アウトプットで評価されやすくなるわけです。そういうことによる格差拡大もあると思います。

今回のコロナ・ショックをきっかけに、産業も個人の働き方も大きく変わっていくでしょう。生き方が変わりますので、これは大変なことですが、ある意味、変わらざるを得ない部分もあります。

先にも述べたように、ある程度の競争環境に基づく適度な格差は、やはり経済成長に必要なのです。問題なのは、不合理で過度な格差が固定化してしまうことですから、格差が固定化して貧困状態から抜け出せないという状況に陥らないような社会の仕組みが必要なのでしょう。

　コロナ・ショックによって、そうした新しい社会の構築に対して注目が高まっていると考えています。

終章　その先の世界経済と日本の未来

リターンからリスク回避へのシフトで経済は長期に停滞する

すでに世界各国は、コロナ・ショックによってヘリマネ（ヘリコプター・マネー。空から紙幣をばら撒くように、中央銀行が大量の資金を市中に供給する政策）ともいうべき大胆で思い切った金融・財政政策を行っています。では、この先、世界と日本の経済はどうなっていくのでしょうか。

端的にいえば、これまで述べてきたような大胆な金融・財政政策をやっても、急激に成長が戻るのは難しいのではないかと思います。それはなぜかというと、仮に新型コロナウイルスの感染を完全に克服したとしても、似たような感染症はいつ、なんどき起こるかわかりません。そのことを経験したことによって、さまざまな分野で経済活動が収益重視から安定・安全重視の方向にシフトすると考えられるからです。

今回のコロナ・ショックほどではないにしても、前回のリーマン・ショックの後、世界でも日本でもGDPが大幅に下落し、その大きく下がった水準はなかなか元には戻りませんでした。

図6-1が世界の、**図6-2**は日本の「ショック前後（リーマンとコロナ）の実質GDP」

図6-1　ショック前後（リーマンとコロナ）の実質GDP（世界）
～リーマン・ショック後戻るまで2年～

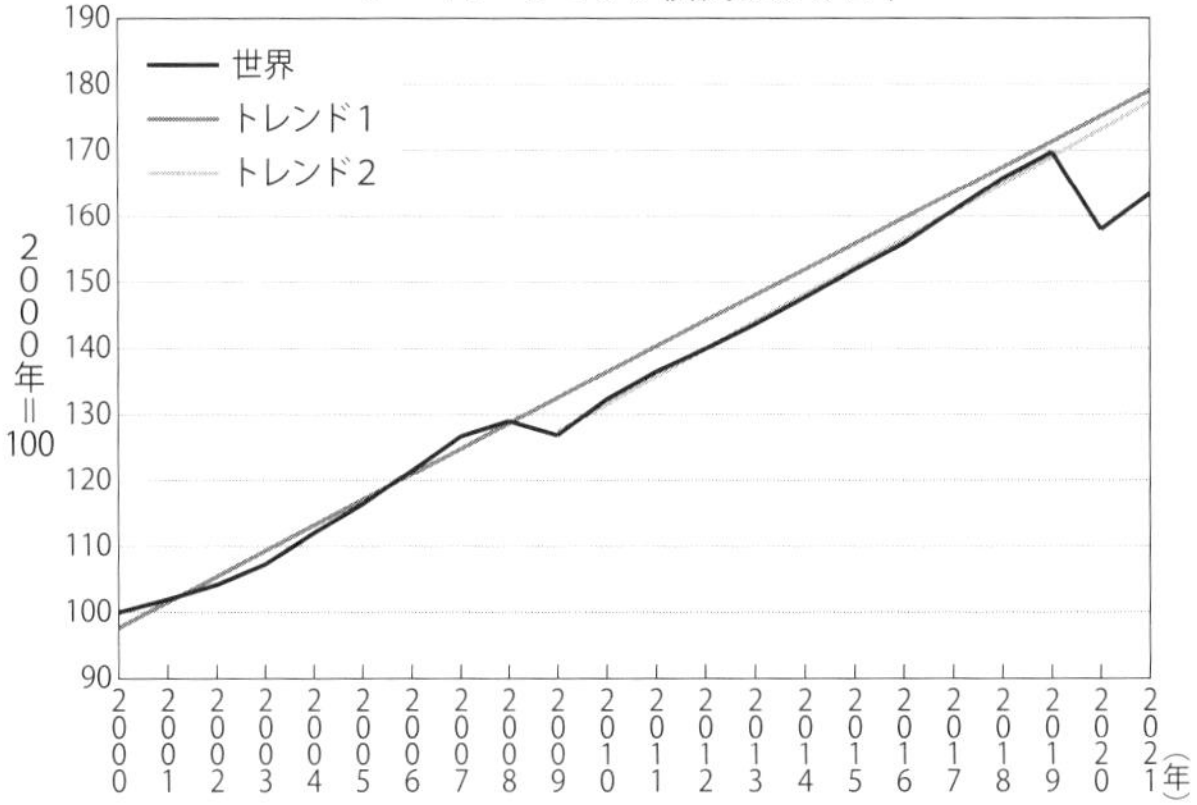

出所：世界銀行、IMF

図6-2　ショック前後（リーマンとコロナ）の実質GDP（日本）
～リーマン・ショック後戻るまで6年～

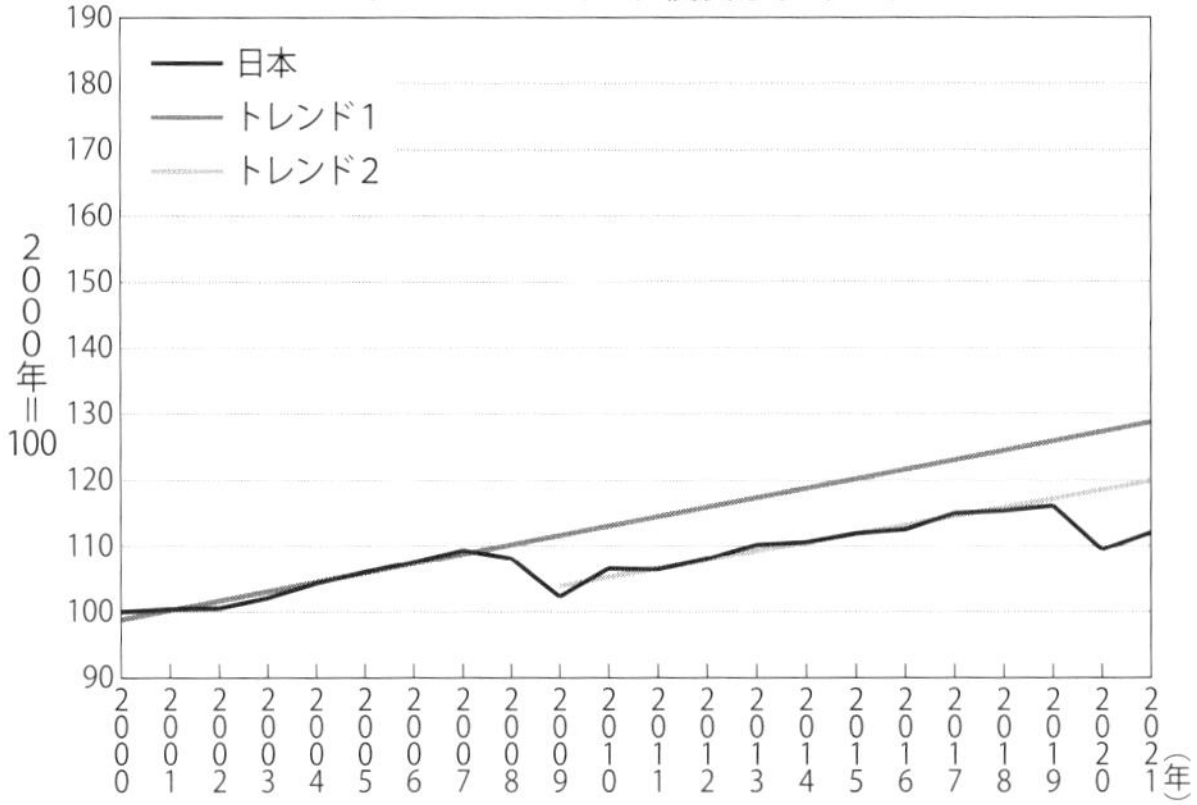

出所：世界銀行、IMF

を表したグラフです。２００８年9月にリーマン・ショックがありましたが、「トレンド１」の折れ線は、リーマン・ショックが起きる前のＧＤＰのトレンドを描いたものです。リーマン・ショックがなければ、このようになっていた可能性があります。

図６-１をみると、リーマン・ショックが起きたことにより、実質ＧＤＰが大きく下がっています。短期で回復軌道に戻ったものの、リーマン・ショック前の水準に戻るまでに2年もかかっています。

さらに今後、これはあくまでＩＭＦや世界銀行の見通しどおりに２０２０年以降の世界のＧＤＰが動いた場合の話ですが、リーマン・ショック後の落ち込みよりも、今回のコロナ・ショックの落ち込みのほうが圧倒的に大きくなっています。かつ、リーマン・ショック後、成長軌道に戻ってからの「トレンド２」の水準からそうとう下にズレています。となると、世界経済全体で考えても、リーマン・ショック後に元の水準に戻るのに2年かかったわけですので、今回は2年では難しいということになります。

さらに深刻なのが日本です。これまでも説明してきたように、リーマン・ショックの時、主要先進国の中で経済が最も落ち込んだのが日本でした。図６-２の実質ＧＤＰをみると、かなり大きく「トレンド１」の水準から下がっています。

リーマン・ショック後に東日本大震災の影響もあったので、GDPが元の水準に戻るまで、結局6年もかかってしまいました。日本はリーマン・ショック時の影響が大きかった分、今回のコロナ・ショックのGDPの落ち込みだけでみると、見通し的にはリーマン・ショック並みということになっています。リーマン・ショック並みということは、日本の経済水準が元に戻るまでには、やはりそうとう時間がかかるということだと思います。

リーマン・ショックの時は、いわゆる金融面でのリスクが非常に意識されました。こういう危機が起きた時は、やはり企業と家計という民間部門の経済主体は保守的になります。収益重視から、安定性・安全性の重視、リスク回避を重視することになるわけです。

当然、リスク回避の重視ということになれば成長もなかなか戻りにくくなります。企業は設備投資などをしにくくなり、家計もお金を使わなくなるということです。

やはり先行き不透明感や、再びこうしたリスクがあったら怖いという恐怖感があるのでしょう。今回のコロナ・ショックでは、日本国内でも都道府県を越えた移動には恐怖感が生じ、県をまたいだ移動の自粛は解除されたものの、感染リスクが完全になくならないうちは、人々は移動を控えぎみになると思います。

生産現場でも、震源地である中国に多くの生産拠点があったことで、サプライチェーンの障害が大きく出てしまいました。そういう経験をしたので、できるだけ自前で調達する方向に進むと思うのです。

今までグローバルに展開していたのは、収益性を重視したからです。リスクについてはそれなりに考えてはいても、海外における安い労働コストのほうを重視していました。それが安全性やリスク回避を重視するようになると、グローバル化の逆回転が起きる可能性もあると思います。

生産現場で考えても、在庫はギリギリ必要な分だけ置いておくのが収益的には最も望ましいわけです。しかし今回、マスクや消毒液が品不足になりました。そういった経験を受けて、少し余分に在庫を確保する動きも出てくると思います。あるいは、無駄になるかもしれないが予備的なものであったり、システムのバックアップ等も、通常時からいろいろな所に配置しておくなどといった対応も強まると思います。

それに対する設備投資は、私たちがテレワークでパソコンを買い替えるのと同じように、一時的には出ると思います。しかし、テレワークを行うことで人々が移動しなくても仕事ができるということになれば、別のさまざまな需要を押し下げてしまう可能性もあります。また、そうしたバックアップのための設備投資が増えると、今までよりも余分に在庫を抱えたり、余剰な設備が出てくることにもなります。

したがって、一国経済の効率性とか生産性というものを考えると、恐らく下がる方向にいくでしょう。こういったことも、成長率の抑制に響いてくると思います。

日本は「失われた20年」や「失われた30年」といわれますが、これは評価の仕方で違ってきます。

厳密にいうと、「失われた20年」のほうが正しいと思います。それはなぜかというと、最初の20年と残りの10年を差別化するのであれば、最初の20年は確かに「失われた20年」なのですが、残りの10年は、明確なデフレ脱却ではないにせよ、一応デフレではない状況までは戻ったわけです。

これにはアベノミクスの効果も大きかったと思います。ただ、デフレではない状況になりながらも、経済が完全に元に戻ったわけではなかったため、そこも含めて「失われた30年」と仮定すれば、今後、それが40年、50年になる可能性もあると思います。

ただ、そういったかたちで収益性を一部犠牲にしても、安全性や安定性、持続性を重視する方向にいくとなると、自然災害も含めた予測不能なショックに対して耐性が出てくるでしょう。少なくとも実体経済に関しては、成長は少し下がっても安定性は増す可能性があります。世界的にも、そういった動きになっていくのではないかと思います。

過剰貯蓄はさらに積み上がっていく

そうなると、マクロ経済的には資金需給の緩み、つまりカネ余りが世界的に長期化するのではないかと思います。

図6-3は日本のISバランス（貯蓄投資差額）をみたものです。国内の経済主体は家計、企業、政府の3つに分けられますが、それぞれグラフの棒がプラスのほうにある場合が貯蓄超過、お金が余っているということです。逆に、マイナスだと投資超過ということで、お金が足りないことを意味します。つまりお金を借りているということです。

これは、今に始まった話ではありませんが、日本の場合は家計も企業も貯蓄超過です。一方、政府部門はお金が足りないということで、国債を発行して資金を調達しています。これが、財政赤字の背景です。一般政府の投資超過イコール財政赤字ですので、要は民間部門の余ったお金を政府が使っているということです。

ただ全体でみると、家計と企業の貯蓄超過のほうが圧倒的に多いため、貯蓄超過なので

図6-3　日本のISバランス
～民間の資金余剰拡大～

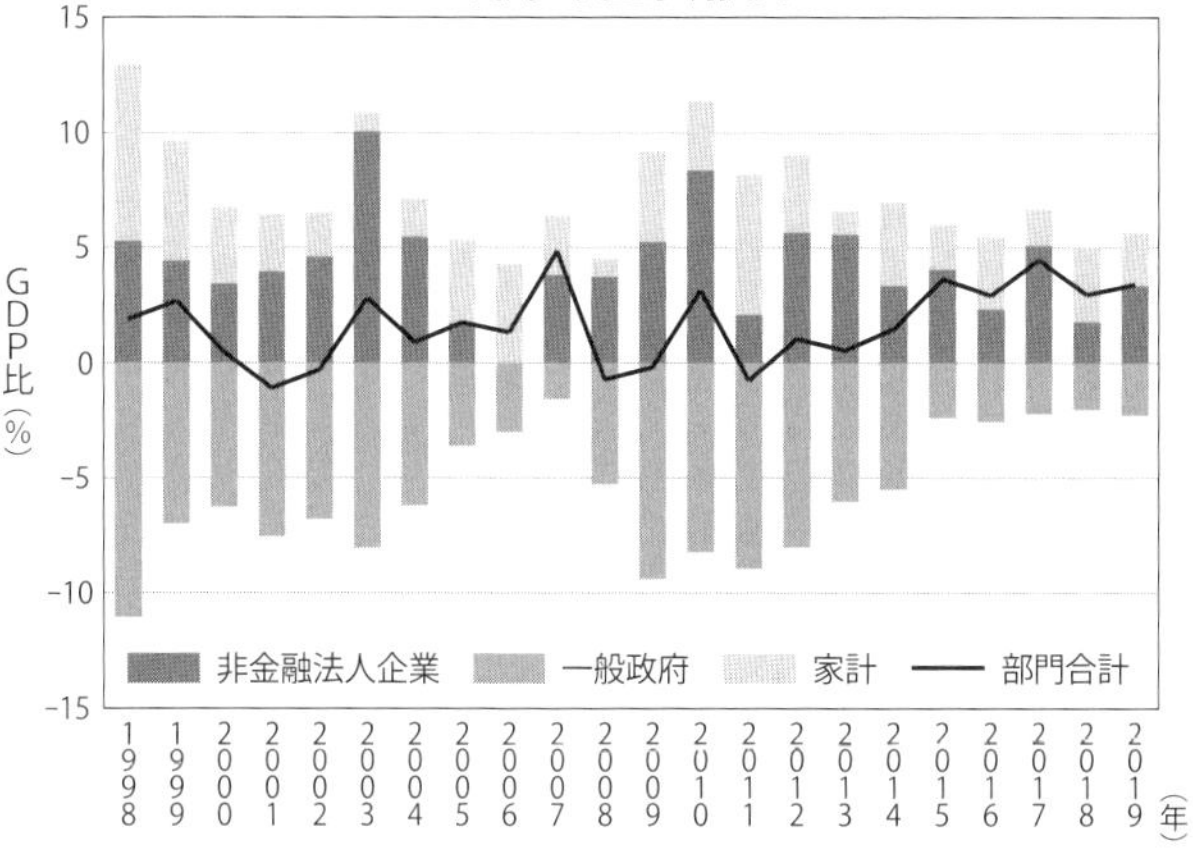

出所：日銀

す。しかしながら、家計が将来の老後に備えて貯蓄するのは普通の動きですが、企業が貯蓄超過というのは、経済的にかなり異常なことなのです。

先に述べたように、「一般政府」の棒グラフの財政赤字だけをみて、日本は財政危機だとする向きもありますが、財政や政府のところだけの資金繰りで、財政リスクは測れません。政府部門でいくら借金があっても、それ以上に同じ国内の民間部門でお金が余っていれば問題ありません。

日本の場合は、本来、お金を借りて成長に投資をするはずの企業が、いい意味でも悪い意味でもお金を貯め込んでいるため、お金が余っていることを示しています。だから成長しにくいということになるわけです。

繰り返しになりますが、政府の足りないお金よりも民間の余っているお金のほうが多いので、いわゆる資金需給が緩くなります。金利というものはお金の需給で決まりますので、需給が締まっていれば金利が上がりますが、緩んでいるので金利が下がっているわけです。そうなると経済に心地のいい金利水準（中立金利）が低くなってしまうので、なかなかその水準以下まで金利を下げにくくなり、金融緩和が効きにくい状況なのです。このため、コロナ・ショック後はそういう状況にさらに拍車がかかる可能性があると思っています。

その理由は、収益性よりも安全性や安定性を重視するようになるからです。日本企業は今までもそうした面を重視してお金を貯め込んでいたのですが、よりそれが強まる可能性があります。具体的には、企業部門では今まで以上に財務面でも手元流動性の厚みを増そうとします。家計についても、感染症によって、いつ職を失うかわからないという状況を経験していれば、よりお金を貯め込むことになると思います。

収入が減って高齢化が進むと、高齢者が貯蓄を切り崩すので家計の金融資産が減っていくと長らくいわれてきました。では、実際はどうなのでしょうか。

図6-4　日本の純金融資産・負債
～低成長でも資産積み増す家計～

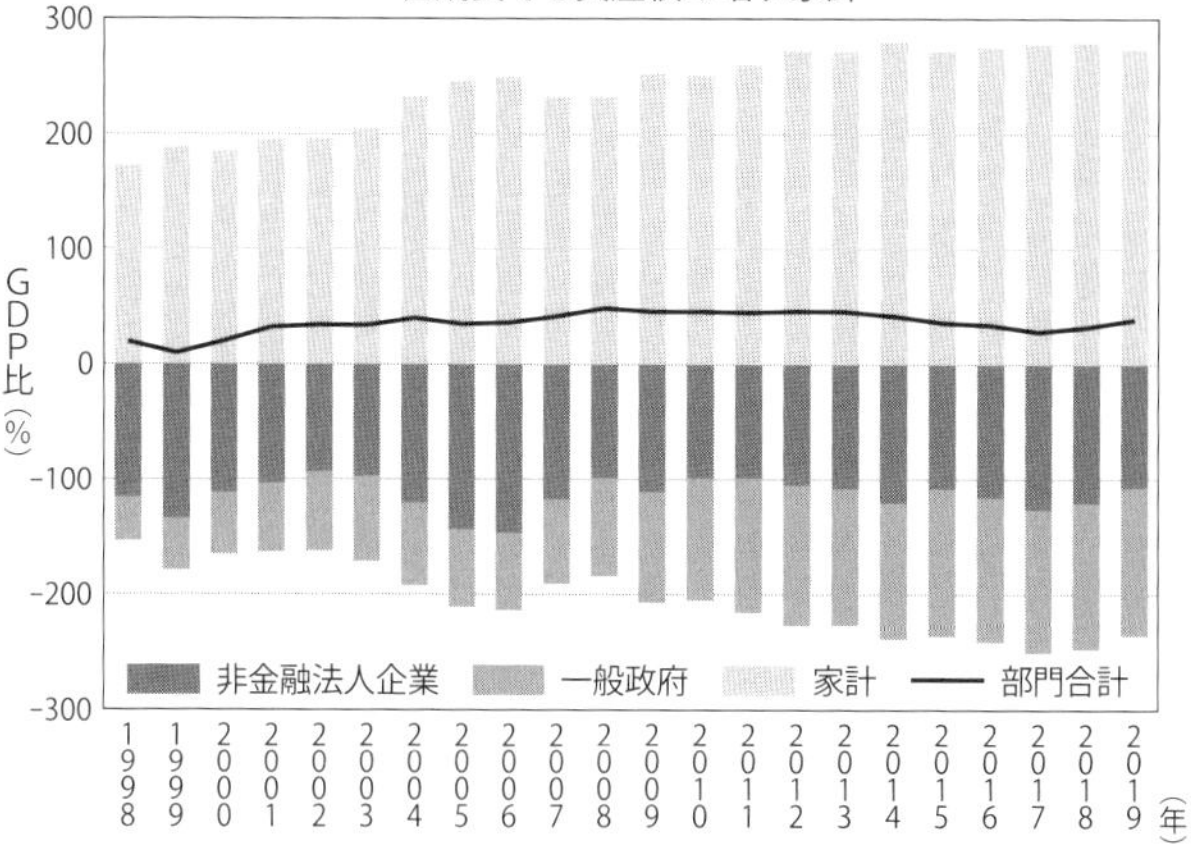

出所：日銀

図6－4は、日本の純金融資産・負債を表したものですが、家計の純金融資産が高水準を維持していることがわかります。そして、単純に総額が増えているだけでなく、拡大してきたGDP比で高水準を維持しています。つまり、家計はそれだけお金を貯め込んでしまっているので、経済の停滞につながっているのです。政府債務が大きくて大変だとよくいわれますが、「一般政府」のGDP比の純債務をみると、一般政府のマイナスよりも家計のプラスのほうが圧倒的に大きいことがわかります。

「非金融法人企業」も、過去の投資超過で純債務ですが、90年代後半のデフレ経済以降は貯蓄超過に転じているため純債務も増えにくくなっているという状況です。

ただ一方で、コロナ・ショック後は社会保障的なニーズが強まることで財政赤字が拡大する可能性があるでしょう。たとえば、これまでは医療や介護等については財政健全化のためにに効率化すべきだという議論がされていましたが、今後はトーンダウンせざるを得ないでしょう。また、すでに足元では生活保護や雇用保険の受給者が増えています。このため、そうしたセーフティネットの拡充という議論も出てくるでしょう。場合によっては、ベーシック・インカムの導入という議論も出てくるかもしれません。

こうなると、財政の負担を増やす一方で、民間部門はお金を貯める方向に作用しますので、そのバランスで考えれば、必ずしも資金需給がタイトになるとは限りません。企業の面でも、これまでは収益性重視で福利厚生などをスリム化していく方向にありましたが、その揺り戻しや、健康を維持・促進するよう、より従業員向けのサービス提供が拡充する可能性もあるでしょう。

また、これも大きな意味で収益性・生産性ということと結びつくのかもしれませんが、大都市への一極集中の動きが緩和する可能性もあります。これまでは、都心に出ないと条件の良い仕事がみつかりにくかったので大都市圏に人々が集中しました。その結果、地方の過疎化がかなり進んでしまったわけですが、今回のコロナ・ショックによって、そういう動きが鈍化するかもしれません。

　また、今回のような非常時になると、日々の行動を常に抑制するという動きも出てくるでしょう。こういうものも、やはり安定性とか安全性とかリスク回避の動きですから、成長の足を引っ張る可能性があります。

　こうして成長しにくくなれば、企業にとって儲かりそうな案件が減っていきます。そうなると投資案件も減りますから、さらに企業の過剰貯蓄が積み上がっていく方向に進むでしょう。

コロナ・ショック後はインフレかデフレか

　では、コロナ・ショック後はインフレになるのかデフレになるのか。これについての議論は分かれています。どちらの可能性もありますが、私はデフレの可能性が高いと考えています。

　インフレを主張しているのは、サプライサイドを重視する人たちです。どういうことかというと、そもそもコロナ・ショックによって人が動きにくくなると、特に移民の国であるアメリカなどは労働力が入ってきにくくなります。またコロナ・ショックとは関係なく、世界的にも少子高齢化で人口の伸びが鈍化しています。

これまで日本は、安い労働力を使ってできるだけコストパフォーマンスの高い商品をという観点から海外に出ていったわけですが、今回のコロナ・ショックを受けて、少し高くても安全性を重視しようということで、サプライチェーンの見直しや国内回帰といった動きも出てくるでしょう。となると、コロナ・ショック後も生産コストの上昇でインフレになる、という話になるわけです。

ただこの場合は、先にも述べた需要の減少という部分を十分には考えていません。緊縮財政派の人たちは、大体サプライサイドを中心に議論しますので、需要の部分を軽視しがちです。しかも、今回のような財政出動や金融緩和をやりすぎてしまったら、それこそインフレ率が高まるのではないかというのです。

しかし、これまでよりも確実に人の移動は減りますので、いろいろな面での需要が失われてしまいます。実際、日本、アメリカ、ユーロ圏の需要と供給のバランスをみた「需給（GDP）ギャップ」をIMFの経済成長率の見通しから推計してみると、図6-5のようになります。

図6-5　日米欧のGDPギャップ
～大幅需要不足～

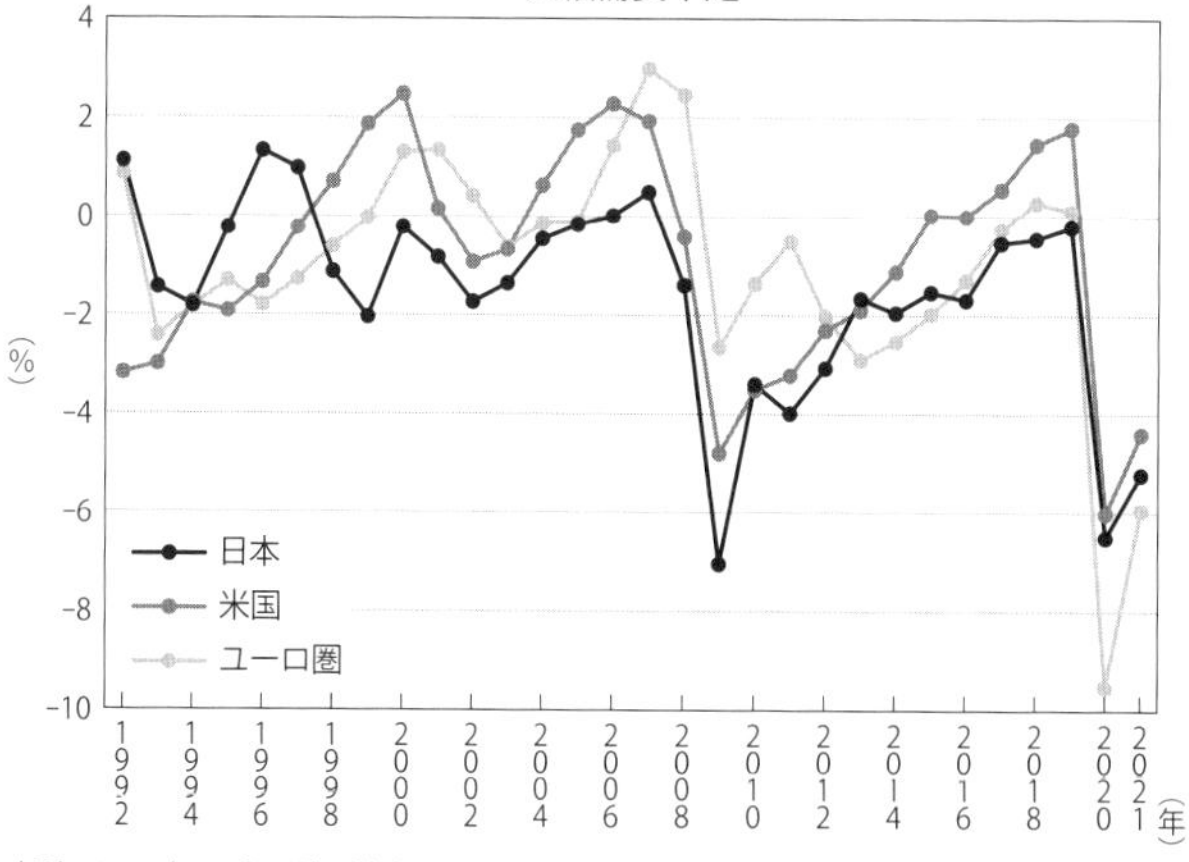

出所：IMF（2020年以降は筆者の予測）

これをみますと、コロナ・ショック前のアメリカは、すでに需要超過・供給不足の状況でした。ユーロ圏もそうでした。日本はもうすぐ正常化するような状況だったのですが、コロナ・ショックが起きたことによって、日米欧いずれも大幅なデフレギャップ、すなわち需要不足に陥ることが確実です。そして、２０２１年にＩＭＦの経済見通し並みに多少経済が戻ったとしても、需要不足はまだ残ってしまうことになります。そういう状況になると、サービス価格を中心にそんなに簡単に物価は上がらないのではないでしょうか。

繰り返しますが、やはり将来の不確実

図6-6　日米欧のインフレ率
～日本化の様相～

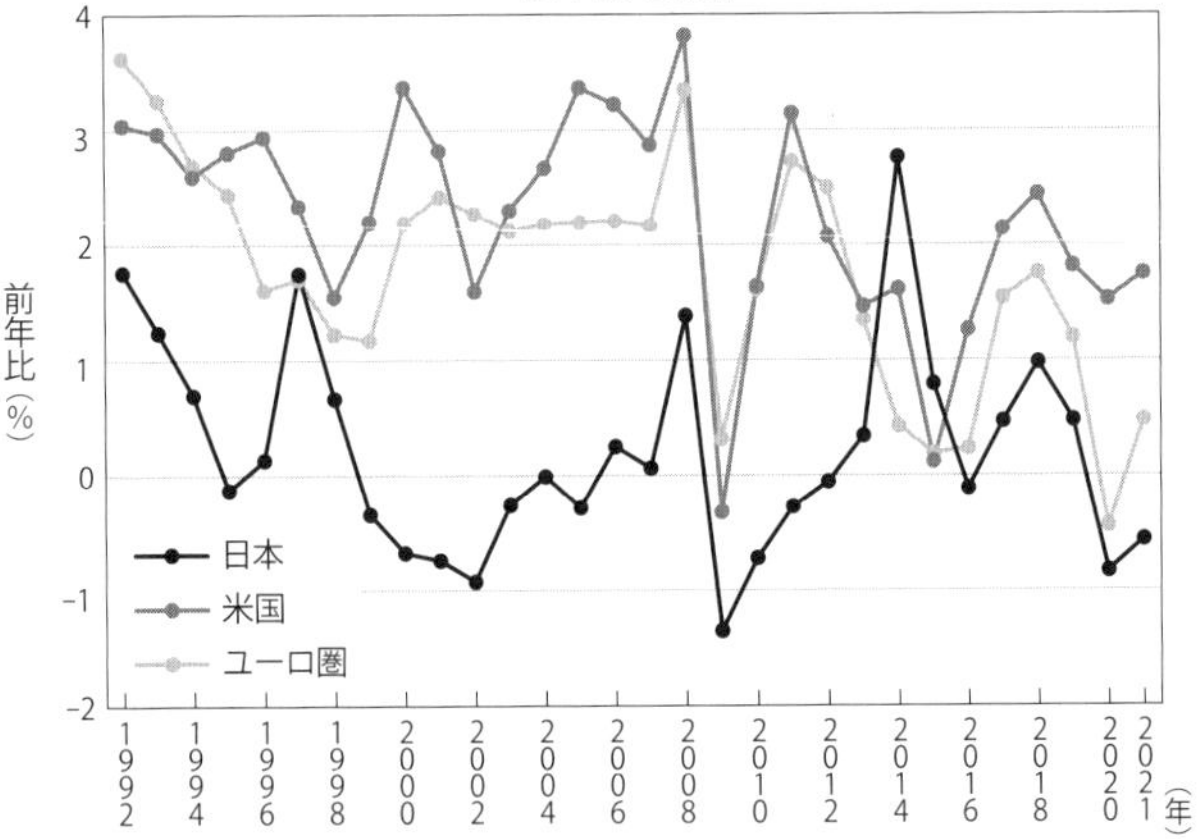

出所：IMF（2020年以降は筆者の予測）

性を見越して、民間部門の家計も企業もお金を使うのではなく貯め込む方向にいく可能性が高いですから、なかなか需要が戻りにくくなります。そうなると、やはりそれこそワクチンや特効薬が普及して経済が戻るまではデフレ圧力のほうが強いのではないかということです。

図6－6は、日米欧のインフレ率を示したグラフで、GDPギャップと過去の物価との関係で推計しています。

これをみてもわかるとおり、1990年代以降、バブル崩壊を経験した日本の物価上昇率は、欧米と比べて圧倒的に低かったのですが、最近では程度の違いはあれ、かなり動きが似てきています。そして、ＧＤＰギャップに基づいて推計すれば、２０２０年はやはり物価が下がる可能性が高いでしょう。２０２１年でも、欧米はなんとかプラスになりそうですが、日本は微妙なところです。

もともと日本の場合は、デフレを長期間放置してしまったことにより、人々のインフレ期待が下がっています。欧米は、デフレを放置したことにより長期停滞に陥ってしまった日本を目の当たりにしてきましたので、リーマン・ショックの後に大胆な経済政策を行ってデフレにならないようにしてきました。

その結果、企業も家計もインフレ期待は日本ほど下がっていません。インフレ期待とは、物価は基本的に緩やかに上がっていくというマインドです。物価は上がるものと考えていますので、家計も物価が上がる前に買いたくなりますし、企業も製品の値上げをしやすくなるわけです。しかし、日本のようにデフレが長期化してそれが定着してしまうと、人々も物価が上がっていくことを実感しにくくなります。企業側も、そういう中で値上げをしてしまうと売れなくなるのではと思うわけです。

そういうマインドが染みついてしまっている日本は、やはりデフレ定着のリスクが最も高いと思います。

財政リスクは高まっていくのか

一方、財政出動をいくらしても、民間部門がお金を貯め込むために成長が下がってしまうとなると、財政リスクについても考える必要が出てきます。

これも先にも触れたように、単純に財政赤字だけで考えると2020年に膨大に膨らむことになります。**図6-7**はIMFのデータに基づき筆者が推計した日米欧の財政赤字の見通しです。2020年はコロナ・ショックによる影響で、日米欧いずれも財政赤字が拡大するという予測になっています。2021年から少しずつ戻ってきますが、いずれも財政は赤字です。

そして、アメリカが最も積極的に財政出動を行っていますので、赤字が拡大しています。しかし先ほども述べたとおり、財政赤字という政府部門の債務だけで財政リスクは測れません。恐らく日米欧いずれも民間部門は資金余剰、すなわち貯蓄が増えることが予測されます。これは〝日本化〟といってもいい状況だと思いますが、政府債務が増える一方で民間の貯蓄も増えるため、結果的に資金需給の逼迫はないでしょう。

このため、財政リスクが早期に高まるということはあり得ません。ただ、ある程度経済

図6-7　日米欧の財政赤字
～積極財政は米国～

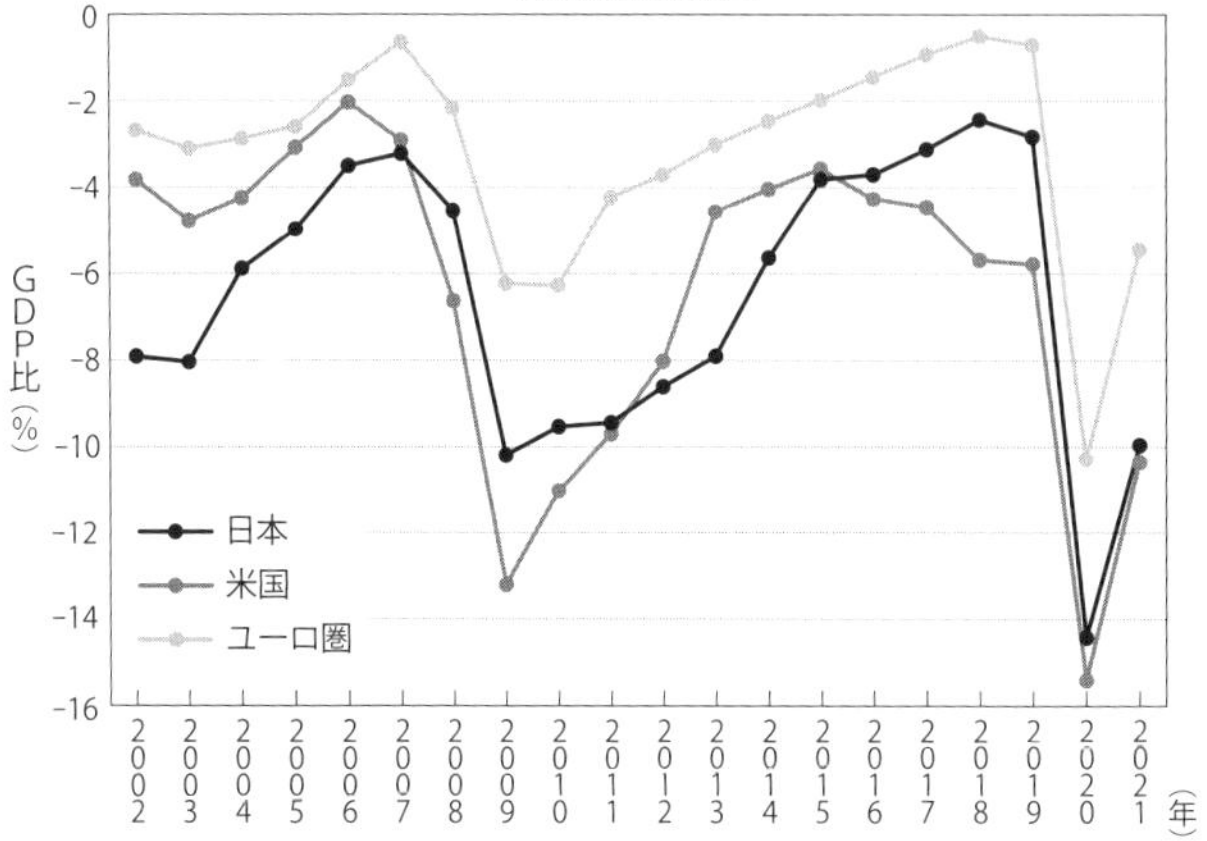

出所：IMF（2020年以降は筆者の予測）

が戻ってきた時に他国に比べて財政の改善が遅れると、財政リスクが出現する可能性はあります。その意味で、最もリスクが顕在化する可能性が高いのが、ユーロ圏でしょう。アメリカは基軸通貨の国ですので、どのような状況であれ、アメリカ国債は消化可能です。日本も円建てで国債を発行していますので、いざとなったら日銀が買い支えることができます。しかしユーロ圏は、それぞれの国で財政状況が違う中で、中央銀行は同じヨーロッパ中央銀行（ECB）に統一されています。

　日本であれば、自国の国債が大量供給された時には日銀独自の判断で国債を市

図6-8　日米欧の政府債務残高／GDP
～日欧は緊縮財政気味～

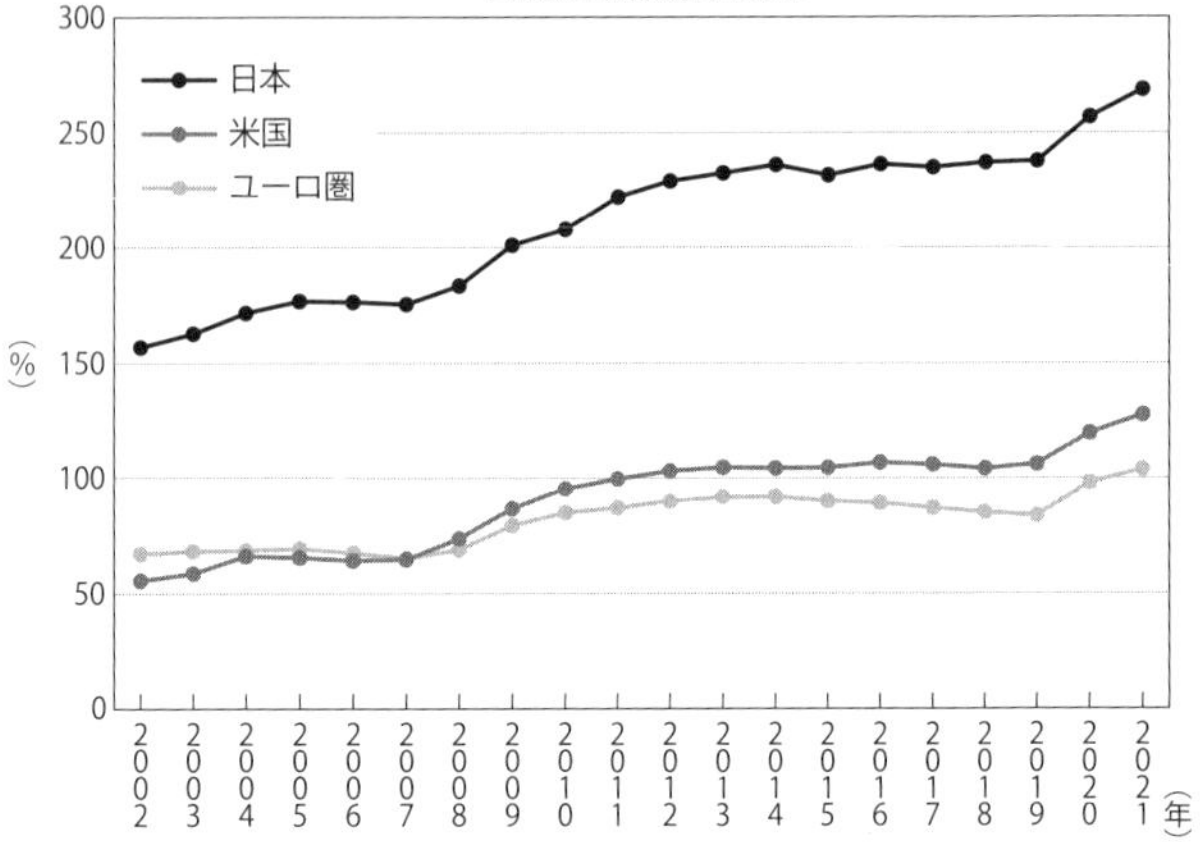

出所：IMF（2020年以降は筆者の予測）

中から買うことができますが、ユーロ圏の場合は、そこが難しくなります。第3章で欧州における南北対立の話をしましたが、イタリアやスペインで財政リスクが高まったので国債を買い支えたいとなっても、ドイツやオランダが反対するという構図になるわけです。そういう意味で、ユーロ圏では財政リスクが出てくる可能性があるということです。

ただ、財政赤字が拡大したとしても、**図6-8**の日米欧の政府債務残高のGDP比の予測をみてもわかるとおり、ユーロ圏は財政リスクがそこまで高まっているとはいえません。日本は世界の中で突出していますが、これはあくまでも総債務なので、政府の資産も含めた純債務にすると半分近くに下がります。かつ、日本の場合は図6-4の通り家計に大量の貯蓄があります。政府債務のGDP比が海外に比べてこれだけ高いにもかかわらず、金利が上がらないどころかどんどん下がってきているというのは、こうした背景があるわけです。

「流動性の罠」によって金融緩和は効きにくくなる

財政リスクで、もう一つカギを握るのは、金利の先行きです。財政リスクが高まると金利が上がりやすくなります。これについては、先ほどから何度も述べているとおり、恐らく世界的に低金利が続くと思います。財政赤字は拡大しても民間の貯蓄超過がそれを上回るため、結果として資金需給である金利は上がりにくいということです。

この流れというのは、コロナ・ショック前から続いています。図6-9は日米欧の名目長期金利の長期低下トレンドを表しています。下がり方が最も大きいのはアメリカです。2019年時点の名目長期金利は平均2パーセントを超えていました。しかしその後、大きく下がりだすのです。

ただ経済学的には、金利は物価上昇分を除いた実質金利で考えなければなりません。そ

図6-9　日米欧の名目長期金利
～長期低下トレンド～

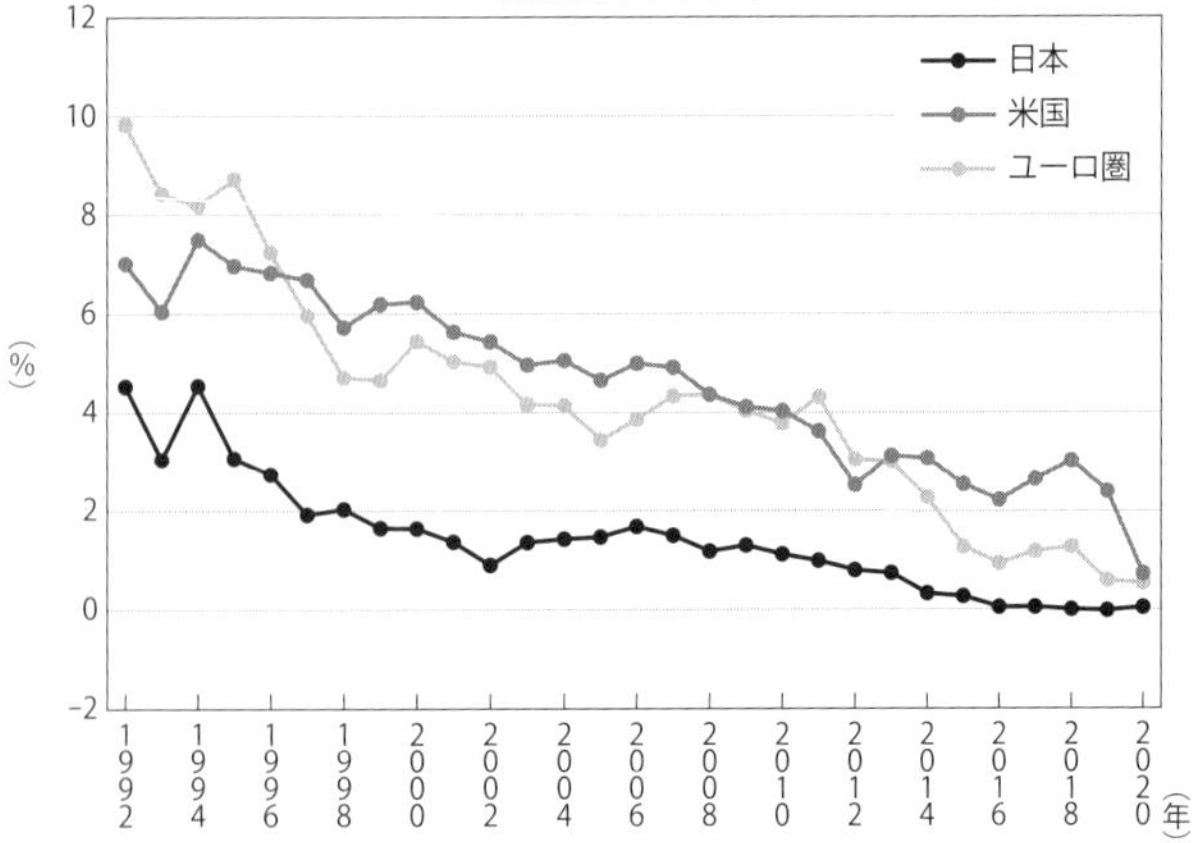

出所：日銀、FRB、ECB（2020年以降は上期の平均）

こで、**図6-10**の実質長期金利をみると、2019年までアメリカが最も高かったということは、図6-9と変わりません。しかし2019年には、日本よりもユーロ圏の実質長期金利のほうが低くなっています。これは、ユーロ圏のインフレ率のほうが高かったため、実質的には日本より金利が低かったということです。

繰り返しになりますが、コロナ・ショック後の民間部門は、障害が起きた時にできるだけダメージを少なくしようとリスク回避的になることから、収益性よりも安定性を重視することが予想されます。その結果、財政赤字の拡大以上に民間部門の貯蓄超過化が拡大することになりま

図6-10　日米欧の実質長期金利
～日欧はインフレ率の低下で上昇～

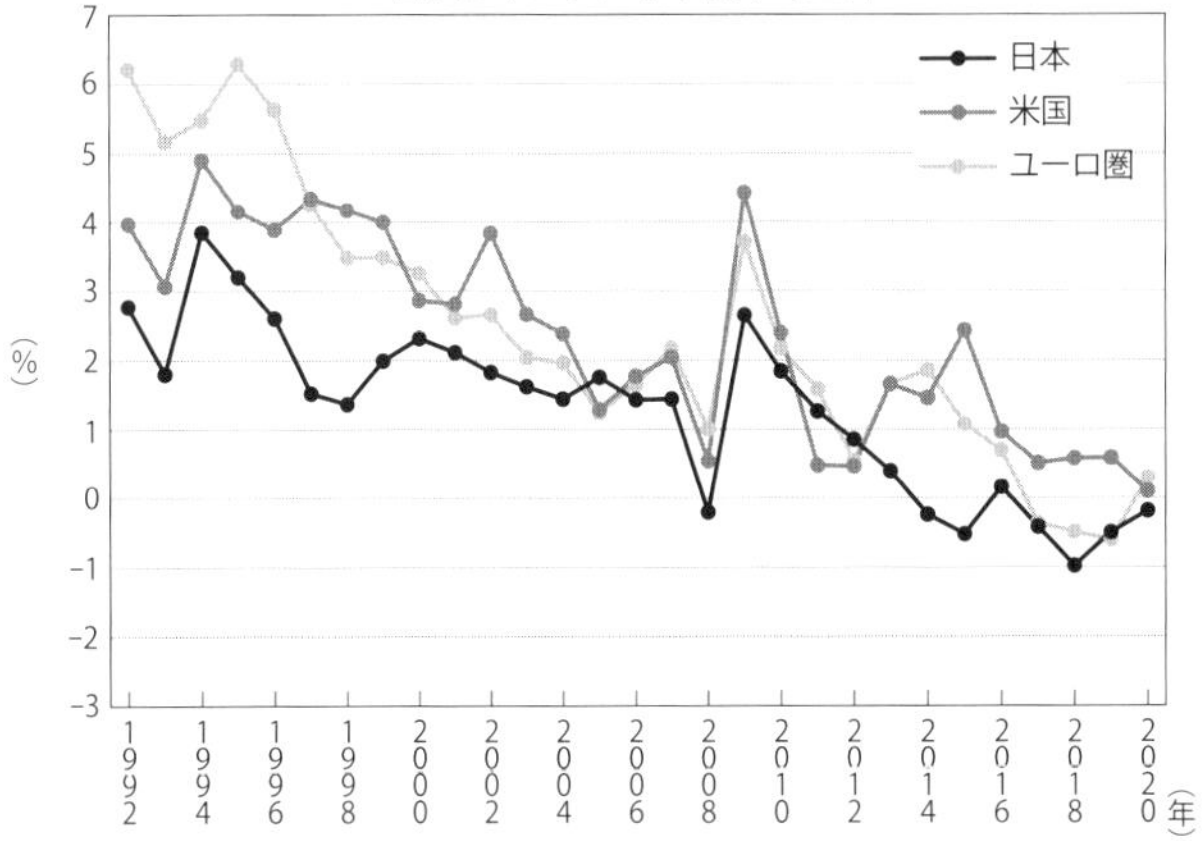

出所：日銀、FRB、ECB、IMF（2020年は上期の平均）

す。そうすると、「中立金利」（「自然利子率」）が下がることになります。中立金利はこれまでも下がってきたのですが、それが、さらに下がるということです。

　では、中立金利が下がると何が起きるのか。景気に対して中立的な金利よりも実際の金利を下げることにより、金融緩和的な環境を作って景気を刺激するというのが金融緩和です。しかしカネが余りすぎると、景気に対して中立的な金利がマイナスになってしまいます。そこで実際の金利をそれ以上に下げるとなると、金融機関の経営や年金運用などを含めて副作用が出てきます。このため、民間部門があまりにもお金を貯めすぎて中立金利が下がると、金融緩和が効きにくくなるのです。

このことを経済学的には「流動性の罠」といいますが、世界的にそういう状況になりやすくなるでしょう。このような状況では当然、各国の中央銀行も景気が戻ってもすぐには金利を上げにくくなり、金利は上がりにくいままということになります。

そうなると、金融緩和の効果を十分に効かせることができませんので、中立金利を上げなければなりません。しかし、民間部門にいくらお金を使うよう促しても使いませんので、結局、政府部門がもっと財政赤字を拡大して、呼び水としてお金を使わないと経済は戻りにくいのです。

つまり、今の財政拡大の部分は、経済を元に戻すには不可欠ということになります。いい換えれば、経済が正常化する前の状況であれば財政赤字が拡大してもリスクは低いということです。

金融緩和によるひずみが次のリスクを招く

図6－11は日米欧の政策金利を示したグラフです。金融政策は、基本的には政策金利の上げ下げです。その政策金利をみますと、日、米、ユーロ圏すべて、ほぼ下げられる限界

図6-11　日米欧の政策金利
～ほぼゼロ金利～

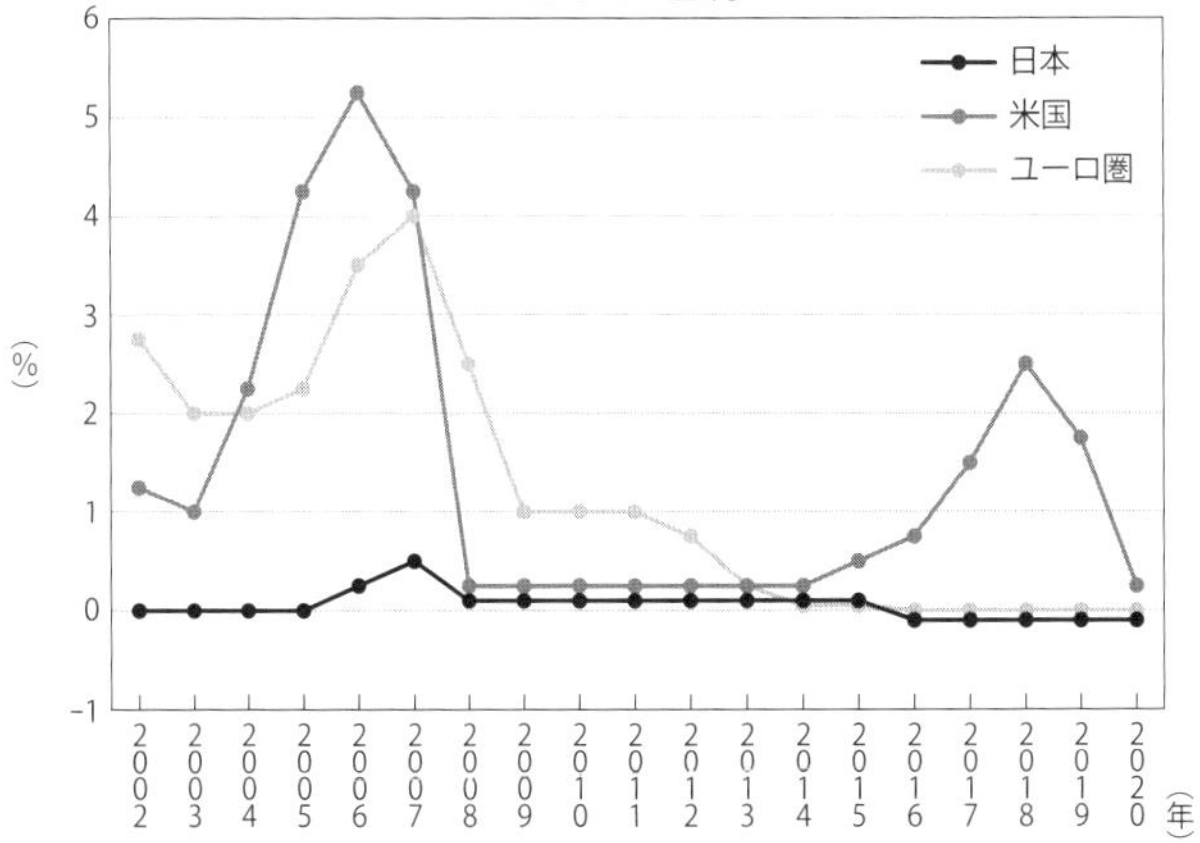

出所：日銀、FRB、ECB（2020年は上期の平均）

まで下げています。

日本はマイナス0・1、ユーロ圏はプラスマイナスゼロです。アメリカは0・25のところに印が付いていますが、これは0から0・25ということです。コロナ・ショックで、アメリカでもマイナス金利政策を導入するかもという話も出ていますが、日本やヨーロッパがマイナス金利を行ってもプラスの効果が低いことも熟知していますので、今のところ実施する可能性は低いでしょう。逆にこういう時は、金融政策だけでは難しいということもあり、アメリカが日米欧の中で最も積極的に財政出動をしています。

次に、お金の供給量を増やす量的緩和

図6-12　日米欧のマネタリーベース
～米国も拡大に転じる～

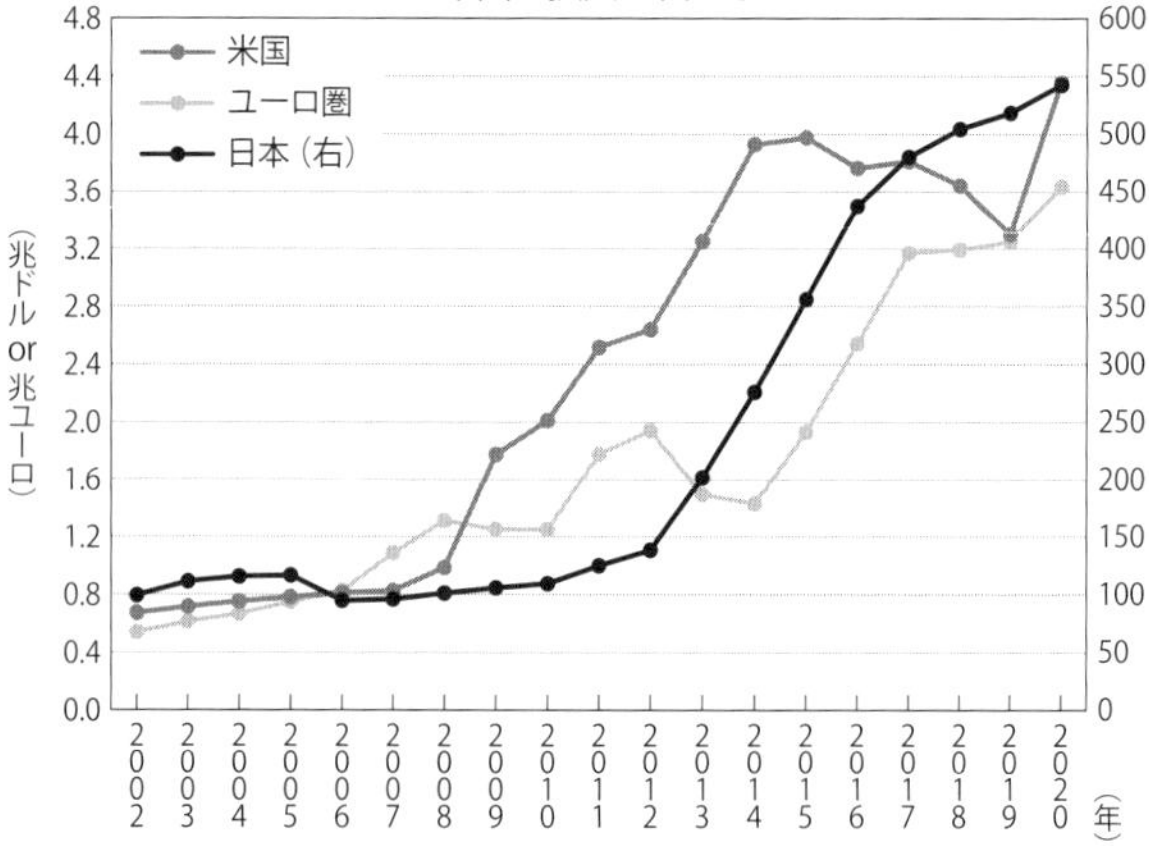

出所：日銀、FRB、ECB（2020年は上期の平均）

政策の状況をマネタリーベースでみたのが**図6-12**です。アメリカがリーマン・ショック後にいち早く大胆な量的緩和政策を実施したのがわかると思います。次にユーロ圏が動き、一番最後に日本が2013年からアベノミクスを始めていることがわかります。2016年以降、アメリカは経済が元に戻り始めてきたこともあり、量的緩和を巻き戻す政策に転じました。ユーロ圏も2017年頃から増やすのを止め始め、日本も増加ペースを緩めてきました。しかし2020年は、いずれも再び拡大しています。

　一般的に、中央銀行は金融機関に対してテコ入れをします。つまり、民間企業に対するテコ入れは民間金融機関が行うのですが、コロナ・ショックでＦＲＢはジャンク債や地方債を買う等、直接、民間非金融部門に資金を供給し始めています。ひと昔前では絶対にあり得なかった禁じ手でした。

これをやりすぎると、本来、貸してはいけないような企業にまでお金がいく可能性があります。しかし、危機から脱しなければならないということで、非常時の策として思い切ったことをやっているわけです。ただ、そうなると必ずどこかにひずみが出て、それによって次のリスクが顕在化する可能性があることには注意が必要でしょう。

バブルを形成するリスクはさらに高まっていく

コロナ・ショック後は、政府債務が増える一方で、それ以上に民間の貯蓄が増えることによって金利は上がりにくくなるでしょう。かつ、経済も民間部門が萎縮してしまいますので、正常化には時間がかかると先に述べてきました。

では、そういう中で金融市場ではどのようなことが起こるのでしょうか。恐らくバブルが起きやすくなるのではないでしょうか。コロナ・ショック後に実体経済と株価が乖離しているのは、その一端を示していると思います。そして、今後も資産市場の変動が大きくなる可能性があるでしょう。なぜなら、金融緩和によってお金が市場に溢れていますので、低金利で投資対象が少ないこともあり、マネーが株式や不動産等のリスク資産市場に向かいやすくなるからです。

皮肉なことに、民間部門が今まで以上に収益性や成長性よりも安定性やリスク回避を重視しているにもかかわらず、その副作用として、金利の低位安定を通じて有り余ったお金が資産市場の価格変動を大きくしてしまうことになるのです。

となると、今後、この危機的な状況からある程度経済が正常化してきた暁には、そういう資産市場の暴発を抑え込むために、各国の金融当局による金融規制や監督の強化が進む可能性があると思います。

第1章でも述べましたが、アメリカ主流派経済学者の重鎮であるオリビエ・ブランシャールとローレンス・サマーズの『Evolution or Revolution ?』には、まさにコロナ・ショックが起きて以降の状況を表すような、非常に的を射たことが書かれていました。

「最低でも(経済)政策は、事前においても事後においてもより積極的になるとともに、金融、財政、金融規制政策のバランスを再調整する必要がある」(https://econ101.jp/、以下同)と。

つまり、いわゆる金融・財政政策をより積極的に進めざるを得ない一方で、その副作用としての金融・資産市場の過剰変動を抑えるために規制のバランスをとったほうがいいということを、コロナ・ショック前から指摘していたのです。民間がリスク回避に動くことによってお金を貯め込むと、中立金利が下がってしまいます。そして、中立金利が低いと金融政策が効きにくくなります。そういう時は財政リスクを重視せず、積極的に財政をやるべきで、「このバランスの再調整を進化としよう」と。

一方で、「中立金利がさらに低くなったり、金融規制が危機を防ぐには不十分であると明らかになった場合には、より大きな財政赤字、金融政策目標の修正、もしくは金融制度に対するより厳しい規制といったさらに劇的な措置が必要となる可能性がある」と指摘していました。

このことが、まさにコロナ・ショック後に起こっているのです。「これを革命としよう。いずれ明らかになるだろう」との言葉が、本当にそうなりました。

図6－13は日米欧の株価指数です。これをみると、アメリカの株価の上昇はかなり激しかったことがわかります。こういうかたちで、すでにコロナ・ショック前から『Evolution

図6-13　日米欧の株価指数
～地域間で大きな格差～

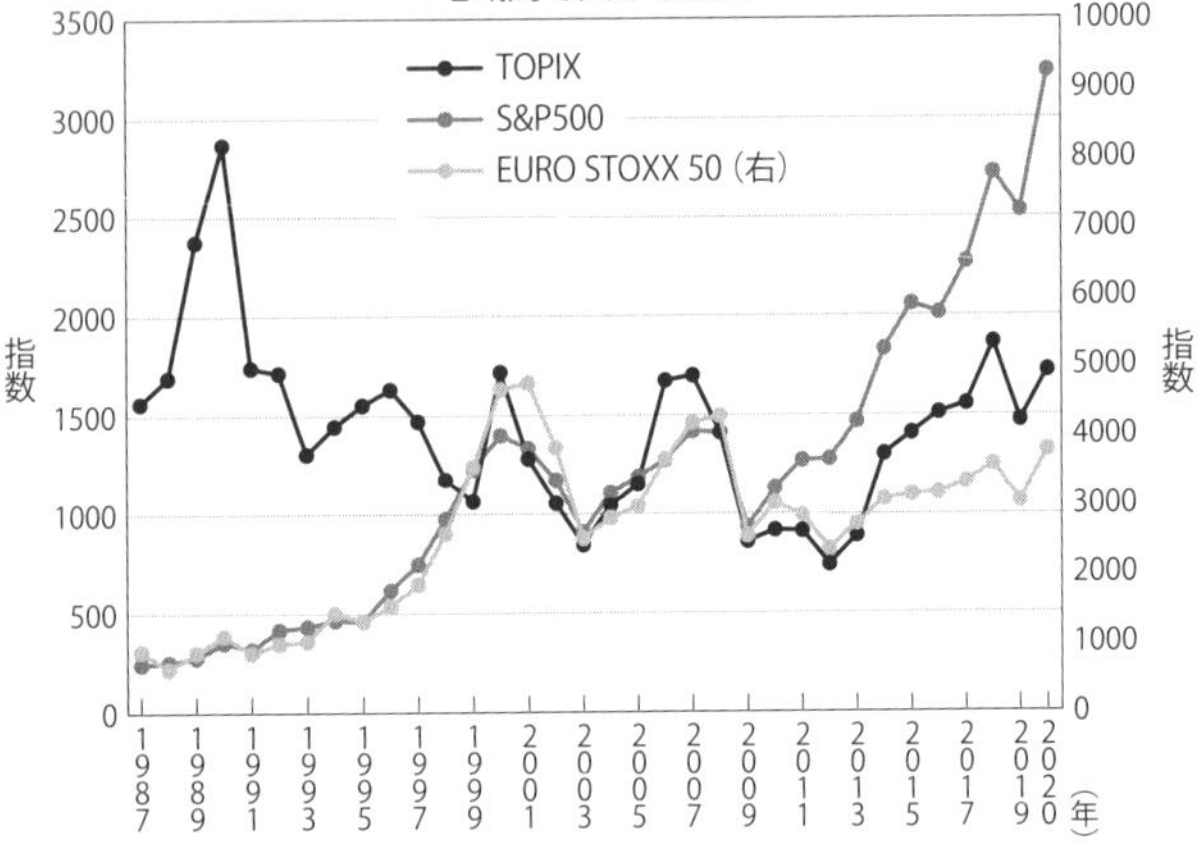

出所：トムソンロイター

っていたため、アメリカの株がこれほどの勢いで上がったとみられます。しかし、実体経済との乖離が行き過ぎていたため、調整する時は非常に大きな調整になるということです。

ただしこれは、少し明るい兆しが出てきたらすぐまた戻るということも意味します。一方、ユーロ圏の株が最も弱いのは、先に述べてきたように、良くも悪くもユーロ圏は、さまざまな経済政策的な制約などがあるため自由に動けないことが影響している可能性があります。つまり、そうしたところで財政リスクが高まったりしているため、相対的に株も強くなかったということになるでしょう。

日本も戻りはアメリカに比べて強くありません。アメリカでは、株は短期的には下振れしたとしてもトレンドはやはり上昇基調という、いわゆる株価神話があります。それに対して日本は、80年代後半のバブル崩壊以降、株価はトレンドとして上がるものという概念が崩れてしまっています。

アメリカでは、個人が保有する金融資産の3分の1以上が株で占められていますが、日本人は金融資産の1割以下しか株を持っていません。そうした違いからくる影響もあると思います。

「新しい生活様式」の核となる5Gの技術は加速する

最後に、ミクロ的な側面からも考えてみましょう。マクロの視点からみると経済は低成長が続くことが予測されます。しかし、伸びる分野は必ずあります。それが5G（第5世代移動通信システム）です。

コロナ・ショック後は感染リスクをより下げるために、5Gを中心とした無人化や非接触化の技術や産業が伸びると思います。政府が提案する『「新しい生活様式」の実践例』、つまり「一人ひとりの基本的感染対策」「日常生活を営む上での基本的生活様式」「日常生活の各場面別の生活様式」「働き方の新しいスタイル」に即したものです。

日本においてこの生活様式が定着していく方向に進むと、感染リスクが高まる3条件として挙げられています「密集、密接、密閉」のいわゆる3密を回避する技術が長期的に伸びていくと思います。

密閉の回避というのは、屋内型の施設にとっては非常に大きなハードルになります。地下店舗等は、換気についてはどうにもしようがありません。密集の回避についても、大型イベントなどはこれまでと同じようにはできないでしょう。さらに、時差通勤やテレワークも含めて、ライフスタイルの変化が起こる可能性が非常に高くなります。

個人単位では、巣ごもり消費やテレワークなどは確実に定着するでしょう。密接の回避については、接触の回避がポイントになります。そうなると、生産やサービスの無人化・ロボット化といった技術が伸びるでしょう。

人と人とができるだけ接触しないような技術という意味では、ネットワークの利用も進んでいくと思います。特にテレワークは、密集や密接を回避するシステムということでより広まるでしょうし、医療の分野でも遠隔医療が進むでしょう。遠隔医療についてはコロナ・ショック以前からもいわれていましたが、その時は医者や患者の移動コストの低減が主な課題でした。

しかしコロナ・ショック後は、むしろ院内感染リスクの解消という死活問題になっていますので、これは間違いなく進むでしょう。また、学校の閉鎖という事態になったことでリモート学習の必要性の認識が非常に高まりました。5Gはこれらの核となる技術ですから、より重要性は高まると思います。

今後、テレワーク化が進むと、広い意味での働き方改革が進み、成果主義的な側面がより強くなるでしょう。最近、ヘルスケア製品で有名な企業が、専門的な分野での副業人材の採用を積極的に始めました。そういうスキルや技術、専門知識を持っている人は、テレワークの中でいろいろ掛け持ちするなどして働きやすくなると思います。

一方、そうではない人たちにとっては、職業に就くことも含めて、ある程度の所得を得ることが難しくなってくる可能性があります。最も割りを食いそうなのが、デジタル化に対応できない中高年の正社員でしょう。今までは終身雇用で守られてきたわけですが、2021年4月からの70歳定年制導入を控えて、すでに2019年から「黒字リストラ」といわれる早期退職などが加速しています。これがより進む可能性があります。また、5G

によって非接触化が進むと、会社への出社が減ることで、男女の出会いの場も減りそうです。このため、ただでさえ上昇している未婚率がさらに上がり、少子化に拍車がかかる可能性もあるでしょう。

そうなると、日本の長期的な成長力を削ぐのではないかという懸念が出てきます。また、格差も広がり固定化するということです。第5章でもみたように、未婚率が圧倒的に高いのは男性の非正規雇用者です。それに非接触が重なるわけですから、そこは日本経済にとって長期的にみた大きなリスクとなるでしょう。

あとがき

今回のコロナ・ショックによって、米中の覇権争いがよりいっそう激化するでしょう。もともと5Gの覇権争いが中心でしたが、コロナ・ショックによって5G技術のみならずワクチン開発の重要性が高まったことや香港問題等も重なっていますから、緊張がさらに強まっていくと思います。そもそも新型コロナウイルスの震源地が中国だったこともあって、アメリカからの反感も強まっています。

では、なぜ、米中がさまざまな分野で覇権争いをしているのかというと、これはリーマン・ショックの時から指摘されてきたことですが、それまでは西側諸国を中心として動いてきた民主主義が一国を統治するシステムとしては最良だと信じられてきたわけです。そこに、いやいや一党独裁でしょうと中国が出てきたわけです。そうした民主主義と一党独裁との代理戦争のような状況に、より拍車がかかったということだと考えています。

これは私の個人的な感想ですが、確かに意思決定や政策実行の早さでは一党独裁に分《ぶ》があります。つまり、コロナ・ショックのような危機的な状況の時には、意思決定や政策実行の早さがとても重要ですから、一党独裁の良さがみえ隠れします。しかし、中国がそんな簡単にアメリカにとって代わって世界を牽引していくかというと、そこはどうかと考えています。

第2章でみたように、中国も人口問題を抱えていて少子高齢化が進んでいます。さらに、「中所得国の罠」といわれる問題があります。いわゆる「ルイスの転換点（発展途上国が経済成長を成し遂げる過程で、労働者の過剰状態から不足状態に陥ること）」で生産年齢人口比率がピークアウトしてしまい、先進国の仲間入りを果たしたところで、成長も鈍化せざるを得ないということです。

また、アメリカはGDPの4分の3近くが自国の個人消費です。それで世界の需要を引っ張っているわけですが、中国はどうかというと、一時期に比べれば内需は増えてきたものの、依然としてアメリカが最大の輸出国ですし、外部依存なのです。それと、大きいのはエネルギーの純輸入国だということです。

アメリカも一時期までは純輸入国でしたが、今はシェールオイルがあります。究極的に中国がアメリカを凌ぐためには、アメリカの基軸通貨的な資本市場への動きが必要になりますが、そこはなかなか難しいでしょう。そもそも変動相場制をやっていませんし、資本移動も自由ではありません。

となると、基軸通貨としてのドルに中国人民元がとって代わるのは難しいと思います。しかも、いろいろな規制もあります。中国は対外直接投資を積極的にやっていますが、中国への投資には、ビジネス上の制約が多いことなどもあります。

そういうことからすると、アメリカの覇権はそう簡単に揺るがないと思います。いずれにせよ、今後の国際情勢を左右する一つの大きなカギは、やはりどこが最初にワクチンを普及させるかということだと思っています。

一方、新興国は、これまではエンジンとして世界経済を牽引してきたわけですが、これからは苦しくなるでしょう。本文でも述べてきましたが、コロナ・ショック前は成長性や収益性の重視があって、新興国はまさにそこがウリでした。しかし、こうしたかたちでコロナ・ショックの問題が出てくると、衛生面や医療面の重要性が改めて問われるようになります。

今回のコロナ・ショックは私たち人類にそうした課題を突き付けたわけで、右肩上がりで成長している時はいいのですが、こういった危機の時はやはり新興国は厳しくなるでしょう。しかも、新興国は政治的に不安定なので、反政府デモやクーデターのリスクもあります。

このため、中国は、「一帯一路」で新興国に進出しようとしていますが、そのプロジェクトがすべて成功するかというと、そうはならないでしょう。中国がその債務負担を肩代わりする可能性もあるわけです。そうなると中国も、そんなにリスクのあるところには投資できないため、投資にさまざまな条件を付けるようになるかもしれません。そうなれば、新興国の中国に対する警戒が強まる可能性もあるでしょう。

では、日本はどうかというと、これまでのおさらいになるかもしれませんが、やはり人が移動することの警戒が強まって、長期停滞が常態化する可能性があるでしょう。２０２０年も２０２１年もかなりのデフレ圧力がかかるでしょう。そういう中でテレワークやデジタル化で対応せざるを得なくなっているわけです。

これまでも低賃金・低インフレが構造的な問題でしたが、それがさらに深刻化する可能性があります。では、このままずっとダメなのでしょうか。特にインバウンドは全くなくなってしまったわけですが、この部分は戻らないのでしょうか……。

私は、旅行などのレジャーは人間の根源的な欲求の一つだと思いますので、そういった意味でも、ワクチンや特効薬が世界中に普及して新型コロナウイルス感染に対する警戒がなくなれば、戻る可能性は十分にあると考えています。

一方で、人的な移動の効率化は定着しますので、コロナ・ショック後も、先ほどの5Gを含めた「デジタル化」（AI、IoT、ICT）の需要は非常に大きくなると思います。ただ、ここで問題になってくるのが、このデジタル化が加速すると何が起きるかということです。

本文でも述べましたが、私は、労働力というのは知的労働と肉体労働と事務労働の三つに大きく分けられると思っています。この三つの中で、デジタル化が加速すると最も割りを食うのが、定型の業務を正確に行う事務労働でしょう。

そうなった時に、余った事務労働をいかに肉体労働と知的労働に振り分けられるのか。そこまでいかなかったとしても、産業構造そのものがコロナ・ショックで変わりつつあるのです。

今、政府は雇用調整助成金等で雇用を維持する政策を行っていますが、それだけでは全員を支えることはできないでしょう。このため、企業が業態転換するための支援や労働者が新たなスキルを身につけて他業界に就業できるような支援、リカレント教育などの教育投資なども必要になってくるでしょう。

究極的なことをいえば、ドイツやスイス等では中学や高校程度で、知的労働で食べていくか、手に職をつけて食べていくかに教育が分かれるしくみになっています。シンガポールもそうです。このため、そうした教育に変わってくる可能性があるかもしれません。

また、コロナ・ショックは少子化を加速させる可能性があると思います。そうなると人手不足になりますので、ますます女性やシニア層に活躍してもらう必要が出てきます。そのためには、テレワークは一つのいい方法かもしれません。あるいは、保育所等をさらに増やして女性が活躍しやすい環境を作ることも必要です。ワクチン普及後は、当然、そこに外国人労働者も入ってくるでしょう。特に日本の第一次産業というのは、外国人労働者がいないと成り立たない状況になってしまっています。

最後に、「ポスト・コロナ」の日本の未来は明るいのかどうかですが、明るくする余地はあると思っています。何もやらなければ落ちる一方ですが、まだ希望はあります。生き残る道が完全に閉ざされたわけではないことを望みに、これからの未来を切り開いていければ日本はきっとよくなると確信しています。

なお、本書の出版に際しては、平凡社新書編集部の和田康成さんに、編集にご協力いただくなど、多大なお力添えを賜りました。深く感謝しています。

また、本書の原稿チェックに際しては、私が在籍している株式会社第一生命経済研究所の佐久間啓代表取締役副社長、新家義貴経済調査部長に大変お世話になりました。この場を借りて感謝の意を表したいと存じます。

２０２０年８月

永濱利廣

【著者】
永濱利廣（ながはま としひろ）
第一生命経済研究所首席エコノミスト。1995年早稲田大学理工学部卒業、2005年東京大学大学院経済学研究科修士課程修了。1995年第一生命保険に入社、日本経済研究センターを経て、2016年より現職。総務省消費統計研究会委員、景気循環学会理事、跡見学園女子大学非常勤講師、あしぎん総合研究所客員研究員。著書に『経済指標はこう読む』（平凡社新書）、『MMTとケインズ経済学』（ビジネス教育出版社）、『エコノミストの父が、子どもたちにこれだけは教えておきたい大切なお金の話』（ワニ・プラス）などがある。

平凡社新書956

経済危機はいつまで続くか
コロナ・ショックに揺れる世界と日本

発行日――2020年10月15日　初版第1刷

著者――永濱利廣
発行者――下中美都
発行所――株式会社平凡社
東京都千代田区神田神保町3-29　〒101-0051
電話　東京（03）3230-6580［編集］
東京（03）3230-6573［営業］
振替　00180-0-29639
印刷・製本―図書印刷株式会社
装幀――菊地信義

ISBN978-4-582-85956-0
NDC 分類番号333　新書判（17.2cm）　総ページ224
平凡社ホームページ　https://www.heibonsha.co.jp/